Seja Feliz!

Sorria Sempre!

/   /

O Autor

RICARDO DI BERNARDI

GESTAÇÃO

SUBLIME INTERCÂMBIO

Obrigado por comprar uma cópia autorizada deste livro e por cumprir a lei de direitos autorais não reproduzindo ou escaneando este livro sem a permissão.

Intelítera Editora
Rua Lucrécia Maciel, 39 - Vila Guarani
CEP 04314-130 - São Paulo - SP
(11) 2369-5377 - (11) 93235-5505
intelitera.com.br
facebook.com/intelitera
instagram.com/intelitera

Os papéis utilizados foram Chambil Avena 70g/m² para o miolo e o papel Cartão Eagle Plus High Bulk 250g/m² para a capa. O texto principal foi composto com a fonte Sabon LT Std 12/17 e os títulos com a fonte Futura Md BT 20/24.

Editores
Luiz Saegusa e Claudia Zaneti Saegusa

Direção editorial
Claudia Zaneti Saegusa

Capa
Thamara Fraga

Projeto Gráfico e Diagramação
Gerson Reis - Estúdio Japiassú Reis

Revisão
Rosemarie Giudilli

Finalização
Mauro Bufano

Impressão
Lis Gráfica e Editora

13ª Edição
2025

Gestação, sublime intercâmbio
Copyright© Intelítera Editora

Dados Internacionais de Catalogação na Publicação (CIP)
(Câmara Brasileira do Livro, SP, Brasil)

Di Bernardi, Ricardo
   Gestação sublime intercâmbio / Ricardo Di Bernardi. 1. ed. -- São Paulo : Intelítera Editora, 2010.

   ISBN: 978-85-63808-00-4

   1. Ciência e espiritismo 2. Espiritismo
3. Espírito 4. Gravidez 5. Matéria 6. Perispírito
7. Reencarnação I. Título.

10-09052   CDD-133.9013

Índices para catálogo sistemático:
1. Reencarnação : Doutrina espírita   133.9013

RICARDO DI BERNARDI

GESTAÇÃO
SUBLIME INTERCÂMBIO

Apresentação

O LIVRO DO NOSSO COLEGA RICARDO DI BERNARDI possui perfil organizacional. De imediato, percebe-se no sumário, com seus 43 capítulos, abrangência e riqueza, chamando a atenção para os problemas de nossos dias. Cada capítulo tem o seu momento, como cada ideia o seu tempo. Por sua vez, o prólogo, de caráter elucidativo, prepara o leitor para reflexões mais profundas dos conteúdos abordados.

O autor, na estrutura contextual da obra, de informações versadas, reúne os fatos mais marcantes do momento atual, dando-lhes a necessária conceituação espírita em suas bases científicas, oportunizando ao leitor a lógica da razão, clareando seus conteúdos com as luzes do Espiritismo.

Os assuntos discutidos no livro deslizam, em linguagem simples, falando a todos, sem complicadas extensões e debates de ideias que se tornam improdutivas.

As pesquisas têm demonstrado que os assuntos científicos biológicos caminham para uma posição holística, de unidade, e que só poderão existir com os valores do binômio matéria e espírito.

E o Autor outorga à Gestação, Sublime Intercâmbio esse colorido holístico, tão necessário em nossos dias de ideias divergentes, quase sempre desacompanhadas de vestidura ética.

Desse modo, as questões abordadas na obra estão intimamente relacionadas ao processo reencarnatório. E a temática está harmoniosamente encadeada, principalmente por trafegar dentro da ciência, face aos problemas da existência humana, ampliando conceitos, sem especulações filosóficas.

Fazemos votos que as tão bem construídas linhas do Autor e os catalogados assuntos dinamizando horizontes, no contexto da Doutrina Espírita, possam ajudar principalmente os inquietos, diante da confusão das proposições contemporâneas, a compreenderem mais o sentido da vida.

Jorge Andréa dos Santos

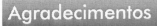

Agradecimentos

A GRADECEMOS A TODOS AQUELES que, direta ou indiretamente nos intuíram, inspiraram ou nos apoiaram para que este nosso primeiro livro se tornasse um fato concreto.

Agradecemos também ao ilustre colega Dr. Jorge Andréa dos Santos por suas obras que muitos subsídios nos forneceram.

Ricardo Di Bernardi

Homenagem

NA NATUREZA ENCONTRAMOS O REINO MINERAL com belezas que nos fazem extasiar o espírito. Desde solos multicoloridos emoldurando paisagens até cachoeiras que nos transmitem sensação mista de força e paz. O reino vegetal, por sua vez, brinda-nos com verdes gramados, flores perfumadas e a suave imponência dos arvoredos. Já os animais, que constituem reino mais avançado, trazem-nos o doce canto dos pássaros e o afeto dos mamíferos superiores.

No entanto, a expressão máxima do aperfeiçoamento da natureza é o ser humano. Nele, todos os ingredientes dos reinos anteriores se desenvolvem até o apogeu, personificando na mulher, não só o ser mais belo, como aquele que propicia a nossa vinda a este planeta, por meio da gestação.

Juntamente com nossos filhos, Henrique e Fernando, desejamos render homenagem a todas as mulheres do Universo, fonte de inspiração a poetas e artistas, simbolizando e particularizando nas filhas Denise e Simone que florescem em nosso jardim. Também à esposa-mãe, Helena, que já foi motivo de guerra entre gregos e troianos, hoje nossa fonte de amor equilibrado. Sobretudo, à gestante que permitiu escrevêssemos este livro: Wanda, minha mãe.

O Autor

Sumário

Prólogo 15

Introdução 17

1 – Estrutura do corpo espiritual em espírito de
evolução mediana 23

2 – O corpo espiritual no mecanismo reencarnatório 29

3 – Os planos espirituais 31

4 – Intervalo de tempo entre as reencarnações 33

5 – Sintonia com o perispírito materno 37

6 – A concepção: o momento da reencarnação 41

7 – A escolha dos pais 45

8 – Assistência espiritual na gestação 49

9 – Miniaturização do Perispírito 53

10 – Os enjoos da gestante 57

11 – Os estranhos desejos da gestante 59

12 – Educação pré-natal do feto 61

13 – Prece e Evangelho no Lar na gravidez 65

14 – Transferência dos arquivos espirituais para o
corpo físico – histogênese orgânica 69

15 – A glândula pineal e a perda da consciência
do espírito reencarnante 73

16 – O sexo do bebê 77

17 – Reencarnação e patologia do sexo – intersexualismo 81

18 – Reencarnação e transexualismo 83

19 – Reencarnação e homossexualismo 85

20 – Genética e reencarnação 93

21 – Gravidez sem reencarnação 101

22 – Aborto espontâneo propriamente dito 103

23 – Abortos aparentemente espontâneos provocados
mentalmente pela mãe 107

24 – Abortos aparentemente espontâneos
provocados pelo espírito 119

25 – Doenças congênitas e aborto 123

26 – Estupro e aborto 127

27 – Aborto indicado 133

28 – Consequências do aborto provocado para a gestante 137

29 – Consequências do aborto provocado –
responsabilidade paterna 143

30 – Aborto provocado – consequências para o abortado 145

31 – Aborto provocado – responsabilidade profissional 149

32 – Adote uma criança 153

33 – Gêmeos univitelinos 157

34 – Xifópagos 161

35 – Fusão entre *Chakras* 165

36 – Gestação de aluguel 167

37 – Bebê de proveta 171

38 – Anticoncepcionais e reencarnação 175

39 – Laqueadura de trompas e reencarnação 179

40 – Células-tronco 181

41 – Embriões congelados 187

42 – Clonagem 191

43 – Anencéfalo e abortamento 195

44 – Mensagem final 199

Referências bibliográficas 201

ICEF – Instituto de Cultura Espírita de Florianópolis 205

Prólogo

EXISTEM INÚMEROS TRATADOS DE ALTO VALOR TÉCNICO a respeito de gestação. As abordagens nestas obras, de profundidade diversa, costumam ser sob o ponto de vista médico ou psicológico. Procurando somar às contribuições existentes, enfocaremos a gravidez pelo prisma transcendental.

Além de dois organismos físicos que intercambiam átomos e moléculas, consideraremos dois seres que permutam energias.

O papel da mulher não se restringe apenas à disponibilidade do vaso físico que cumpre a função de ninho onde se desenvolve um novo ser. Uma gestante tem sentimentos e emoções que se expressam sob forma de ondas de energia. O modo como atuam, quais as consequências que determinam, os fatores diversos que interferem na magnetização sobre aquele que está se desenvolvendo, são aspectos que serão detalhados neste livro.

O Autor

Introdução

A FÍSICA MODERNA, com seus conceitos de energia e dimensões de tempo, hoje nos abre horizontes amplos para a revisão de conceitos adormecidos e estratificados nas empoeiradas estantes de nossas científicas verdades.

As teses, de caráter dual, que apontam para a existência de um ser humano animal ou espiritual, parece que deverão se fundir para dar origem a um novo conceito de ser humano: O homem paranormal. As concepções religiosas alicerçadas em dogmas rígidos e não racionais, bem como as concepções científicas nos apresentando o embrião humano como apenas um conjunto de células e moléculas haverá necessariamente de desaparecer, para que seja possível a compreensão integral, holística do homem.

Segundo o professor J. Banks Rhine e sua esposa Louise Rhine[1], que por décadas pesquisaram a respeito da mente no laboratório de Parapsicologia da Universidade de Duke, Carolina do Norte, apregoam que o homem é composto de psique e soma. Poderíamos considerar isto como um retorno histórico à concepção religiosa de alma e corpo? Sim, mas aprimorada pela dialética do conhecimento científico. Alma ou Espírito não se considera como algo de concepção teológica, é a mente, elemento extrafísico como considera também o Prof. Whately Carington da Universidade de Cambridge.

---

[1] Joseph B. Rhine e Louise Rhine – botânicos norte-americanos que posteriormente desenvolveram estudos a respeito de psicologia e parapsicologia.

Procurando insistir na tecla de que a ciência já vem admitindo a dualidade espírito (mente) e matéria, lembramos o parecer do catedrático Price, da conceituada Universidade de Oxford, sustentando a tese de que a mente humana sobrevive à morte e tem a mesma capacidade da mente do homem vivo, de influir sobre as outras mentes do mundo material.

Observemos que não são religiosos tais conceitos, mas brotaram dos galhos rígidos da árvore da ciência. Apesar de inúmeros investigadores, de todos os continentes e ligados aos mais rigorosos métodos científicos, estarem caminhando para a constatação e *demonstração* da existência do extrafísico, há uma reação natural contra essa tendência. No entanto, assim como o Universo Físico vem sendo substituído pelo Universo Energético, em breve o homem psicológico será ampliado na concepção de homem paranormal de percepção extrassensorial. As experiências e pesquisas científicas atuais indicam que todo ser vivo possui um corpo energético que sobrevive após a morte.

O Dr. Raymond Moody Jr., entrevistando dezenas de pacientes que comprovadamente, pelos prontuários hospitalares estiveram clinicamente mortos, sendo ressuscitados por manobras médicas, constatou que as informações eram semelhantes. Embora os pacientes não tivessem nenhuma semelhança de formação religiosa, profissional ou, mesmo gênero de "quase morte", todos disseram basicamente o mesmo. Entre inúmeros detalhes, salientamos o fato de eles se sentirem fora do corpo físico, em um corpo espiritual, assistindo às massagens cardíacas.

No livro *Vida Depois da Vida*[2], o citado autor detalha cada caso, exclui hipóteses diversas como uso de mesmo anestésico etc. Conclui, chamando a atenção para que se considere a possibilidade de realmente existir algo além da matéria tridimensional.

Extremamente interessantes também são as experiências do Pré-

---

[2] MOODY, Raymond Jr. *Vida depois da Vida*, 1979, p. 172.

mio Nobel de Fisiologia e Medicina, Dr. Charles Richet[3], que, mesmo correndo o risco de ser olhado com desdém pela maior parte da comunidade científica, publicou suas experiências que comprovam a existência de corpos espirituais. Naturalmente há os que o consideravam um gênio pelo fato de ter sido laureado pelo Prêmio Nobel, mas um ingênuo ao acreditar no extrafísico.

No livro *O Tao da Física*[4], Fritjof Capra estabelece um paralelo entre a física quântica e o misticismo oriental. Capra, doutorado em física pela Universidade de Viena, vem efetuando pesquisas a respeito de energia nas Universidades de Paris, Stanford, Califórnia e no Imperial College em Londres. O citado autor vem estudando e correlacionando os conceitos de Física moderna com os da tradição do pensamento dos filósofos budistas, hinduístas e taoístas. No livro acima mencionado como também em The Turning Point (o ponto de mutação), Capra completa sua pesquisa, em que observamos a convergência entre os preceitos científicos e o mundo extrafísico, ou dimensão espiritual.

Admitamos que exista o espírito, que este sobreviva à morte. Não é só, há algo mais impressionante. As experiências efetuadas por centenas de médicos e psicólogos, ao regredirem seus pacientes por hipnose ou outros processos similares, levando-os a fases anteriores da sua juventude, infância, vida intrauterina e mais profundamente ainda no tempo, chegam à inevitável constatação da existência de vidas anteriores.

Morris Netherton, psicólogo clínico norte-americano, desenvolveu uma técnica denominada "Terapia das Vidas Passadas". Há por parte de muitos psicólogos, inclusive os do Brasil, a preferência pelo nome "Terapia de Vivências Passadas", para desvincular filosoficamente ou mesmo religiosamente do conceito de Reencarnação. Isto por que, para os terapeutas é absolutamente desnecessário ou indiferente crer

---

[3] Charles Richet – fisiologista francês.
[4] CAPRA, Fritjof. *O Tao da Física*. Cultrix, 1985, p.262.

Gestação, sublime intercâmbio

ou não nas vidas pretéritas para que o tratamento beneficie o paciente.

A "Terapia de Vivências Passadas" é um método que pela regressão de memória permite ao paciente superficializar, para o seu consciente atual, ocorrências traumáticas do passado, recentes ou remotas, o que equivale a dizer, desta ou de outras encarnações. A evidência de vidas sucessivas é facilmente detectável por essa técnica terapêutica. Não resta dúvida de que os informes das vidas passadas podem ser interpretados como fantasias do inconsciente, mas a evidência da Reencarnação fica mais clara em função dos dados minuciosos fornecidos pelo paciente. À medida que ele descreve a situação, não o faz mecanicamente, mas vivenciando-a intensamente de forma emocional – em prantos, gemidos e até gritos, em certos casos. Descreve a época, o lugar, as condições e linguagem envolvendo os fatos ocorridos na vida anterior. Como os detalhes podem às vezes ser importantes no processo terapêutico, há riqueza de dados que podem ser recolhidos nessa técnica e posteriormente comprovados.

Ian Stevenson, catedrático de Neurologia e Psiquiatria na Universidade de Virgínia, U.S.A., escreveu a obra *Twenty Cases Sugestive of Reincarnation*.[5] Na citada obra, o autor investiga inúmeros casos, mas seleciona os mais elucidativos como evidente constatação de Reencarnação. Observemos o título cauteloso de "casos sugestivos…".

O bebê que hoje recebemos no lar pelas portas da gestação não é um ser sem passado. Já traz um patrimônio vivencial gravado no seu inconsciente, que é o seu espírito. Aliás, a mais evidente demonstração disso é a surpreendente diferença psicológica que os gêmeos univitelíneos às vezes apresentam. Se geneticamente são idênticos, e o ambiente uterino e familiar é o mesmo, só o passado pode explicar de onde vêm suas características tão diversas.

---

[5] STEVENSON, Ian. *Twenty Cases Sugestive of Reincarnation*. P. A. S. Psychical Research, 1966, p.362.

O intercâmbio energético entre mãe e filho é efetuado em nível de suas estruturas perispirituais, por isso é importante que, antes de comentarmos como elas ocorrem, estudarmos resumidamente o corpo espiritual.

Estrutura do corpo espiritual em espírito de evolução mediana

INICIALMENTE, PARA QUE TENHAMOS UMA VISÃO mais clara do mecanismo da encarnação, faz-se necessário reportar-mos ao estudo do corpo espiritual.

Quando as entidades espirituais se nos tornam visíveis, seja pela simples vidência mediúnica, seja pelo fenômeno de materialização ectoplasmática, observamos que elas possuem um corpo semelhante ao nosso corpo físico. No fenômeno da materialização, tão estudado pelo famoso físico inglês Willian Crookes[6] e pelo prêmio Nobel de Medicina e Fisiologia, Charles Richet, os espíritos tornam-se visíveis e palpáveis a todos os presentes à sessão de estudos. São percebidos e tocados em seus corpos espirituais.

Inegável é, sem dúvida, que existem alhures, fraudes conscientes e inconscientes; no entanto a grande frequência dos fenômenos e o elevado nível cultural e ético das pessoas, seriamente envolvidas em determinados casos, atestam a sua realidade.

Embora a essência espiritual não tenha forma, pois é o princípio inteligente, os espíritos de mediana evolução, ou seja, aqueles relaciona-

---

[6] William Crookes – químico e físico inglês.

dos ao nosso planeta, possuem um corpo espiritual anatomicamente definido e com uma fisiologia própria da dimensão extrafísica.

Dos planos espirituais temos notícia, por inúmeros médiuns confiáveis, como Francisco Cândido Xavier (Chico) e Divaldo Pereira Franco, da organização de comunidades sociais que os espíritos constituem, comunidades essas às vezes semelhantes às terrestres.

A energia cósmica universal ou fluido cósmico que permeia todo o universo é a matéria-prima que o comando mental dos espíritos utiliza para a construção dos objetos por eles manuseados. As primeiras informações mais detalhadas foram dadas a Kardec em O *Livro dos Médiuns*[7], no capítulo: "Do Laboratório do Mundo Invisível".

O corpo dos espíritos, já mencionado pelo apóstolo Paulo e conhecido nas diferentes religiões com os mais diferentes nomes, como perispírito, corpo astral, psicossoma e outros, é também constituído de um tipo de matéria derivada do fluido cósmico universal. Assim nos informam as entidades espirituais.

O corpo espiritual apresenta-se moldável conforme as emanações mentais do espírito. Cada espírito apresenta seu perispírito com aspecto correspondente ao seu estado psíquico. A maior elevação intelecto-moral vai determinar como consequência uma sutilização do próprio corpo espiritual. Em contrapartida, os espíritos, cujas vibrações mentais são mais inferiores, determinam inconscientemente que seu corpo espiritual se apresente mais denso e obscurecido, não tendo a irradiação luminosa dos primeiros.

Conforme se tem notícia por meio de inúmeros autores espirituais, o perispírito apresenta-se estruturado por aparelhos ou sistemas que se constituem de órgãos; esses órgãos são formados por tecidos que, por sua vez, são constituídos por células.

As células do corpo espiritual, em nível mais profundo, são for-

---

[7] KARDEC, Allan. *O Livro dos Médiuns*. FEB, 1960, p. 413.

madas por moléculas constituídas de átomos. Os átomos do perispírito são formados por elementos químicos nossos conhecidos, além de outros desconhecidos do homem encarnado. Elementos aquém do Hidrogênio e além do Urânio, que na Terra representam os limites da matéria atômica conhecida.

Nas obras de Gustave Geley[8] e Jorge Andréa, encontramos referências a essas afirmações.

Os átomos e moléculas que constituem as células do perispírito possuem uma energia cinética própria que é a força determinante de sua vibração constante. Quanto mais evoluída a entidade espiritual, maior a velocidade com que vibram os átomos do perispírito.

Da mesma forma, conforme o adiantamento moral do espírito, maior o afastamento entre as moléculas que compõem o perispírito, por sua vibração, daí a menor densidade de seu corpo espiritual.

Uma analogia: a água em estado líquido, quando fervida, transforma-se em vapor pela maior energia cinética de suas moléculas, determinando um afastamento entre elas decorrente da vibração mais intensa que passa a ter. Neste exemplo simples nós mentalizamos o porquê da leveza do corpo espiritual das entidades cujo padrão vibratório é mais elevado.

No livro *Mecanismos da Mediunidade*[9], de André Luiz, psicografado por Francisco Cândido Xavier, encontramos elementos complementares a respeito dessa informação.

Espíritos de alta hierarquia moral possuem vibrações de alta frequência. Isto é, as ondas que emitem ou irradiam são "finas", ou de pequeno comprimento de onda.

As energias emanadas pelas vibrações das moléculas perispirituais se traduzem também por uma irradiação luminosa com cores

---

[8] Gustave Geley – médico e pesquisador espírita francês.
[9] XAVIER, Francisco Cândido. *Mecanismos da Mediunidade*. FEB, 1959, p. 188.

típicas. Os espíritos são vistos pelos videntes ou descritos nas obras psicografadas emitindo cores e tons bastante peculiares ao seu grau de adiantamento.

Quanto mais primitivas forem as entidades espirituais, mais escuros os tons das cores e mais opacos se apresentam. À medida que galgam mais degraus na escada do progresso, mais sábias e amorosas, as entidades espirituais passam a emitir uma luminosidade mais clara e cada vez mais brilhante.

Salientamos, no entanto, que transitoriamente pela postura mental adotada, decorrente de situações momentâneas, as vibrações se aceleram ou se desaceleram, determinando modificações na estrutura do corpo espiritual, e todo o conjunto se altera. São descritos casos de zoantropia ou licantropia[10], em que as formas perispirituais tornam-se profundamente modificadas.

Exemplos práticos de modificações profundas e graves, no capítulo das patologias do corpo astral, seriam os casos descritos como os de zoantropia ou licantropia. Nessas situações as formas perispirituais se animalizam pela postura de ódio recalcitrante ou outros sentimentos inferiores, sentimentos que se tornam agentes deformantes do corpo espiritual.

Denomina-se zoantropia (zoo=animal e anthropos=homem) aos casos em que o corpo espiritual, pela deformação progressiva, passa a se assemelhar a um animal. Licantropia (lican=lobo e anthropos=homem) aos casos em que o corpo espiritual, pela alteração degenerativa da forma, lembra a figura de um lobo, o que nos remete à lenda do lobisomem que, talvez, tenha sua origem no fato de que, pelo fenômeno da vidência mediúnica, tenham sido vistos espíritos com esse tipo de deformidade anatômica no seu corpo astral.

---

[10] Tipo de deformidade presente no corpo espiritual em que a forma chega a parecer não-humana.

Naturalmente, que essas deformidades são transitórias e relativas ao tempo em que a entidade espiritual ainda se mantém na atitude mental de ódio.

O tratamento reparador dessas deformidades efetua-se por meio de uma energização adequada dos Espíritos, de acordo com o que temos observado nas lides mediúnicas em que participamos.

Ousamos, inclusive, a criar o verbete perispiritoplastia para nos referir ao processo de recuperação anatômica observado nas entidades tratadas e recuperadas, em seu aspecto morfológico, nos grupos mediúnicos. Tanto energias do plano extrafísico, bem como energias extraídas da natureza, além de ectoplasma dos médiuns, fizeram parte da matéria-prima utilizada por nós, nessa restauração anatômica do perispírito licantropizado das entidades tratadas. Todavia, lembramos que nesse trabalho nós estamos, constantemente, sendo assistidos pelos mentores espirituais que nos amparam.

O corpo espiritual no mecanismo reencarnatório

CONFORME EXPUSEMOS NO CAPÍTULO ANTERIOR, o perispírito é composto de unidades estruturais que se apresentam em vibração constante. Sabemos pelos mais elementares princípios da física que todo corpo em movimento (vibração) no Universo gasta energia. As leis da física não são leis humanas, mas sim leis divinas, às quais estão sujeitas a todos os elementos do Cosmo. Há, portanto, um desgaste energético natural do corpo espiritual, que necessita ser alimentado por fontes de energia.

Dependendo do nível evolutivo do espírito, e consequente densidade do perispírito, varia a qualidade de energia que o mesmo necessita para manter suas atividades. Espíritos superiores simplesmente absorvem do Cosmo os elementos fluídicos que necessitam. Ao se colocarem em oração, sintonizam com níveis energéticos ainda mais elevados que os seus, aurindo para si o influxo magnético revitalizador, recarregando suas "baterias" espirituais.

Com relação aos espíritos mais relacionados com a nossa realidade, ou seja, os que ainda apresentam dificuldades em superar as tendências egoísticas, esses traduzem na configuração de seu corpo espiritual uma organização mais densa, portanto, suas necessidades alimentares são proporcionalmente mais densas.

Em muitas Colônias Espirituais, os espíritos precisam da ingestão de alimentos energeticamente mais densos, fazendo-o de forma muito semelhante a nós encarnados. Recomendamos, a propósito, para maiores elucidações a respeito do assunto, o estudo da obra *Nosso Lar*[11] do autor espiritual André Luiz, psicografia de Francisco Cândido Xavier.

As unidades energéticas do espírito, ou núcleos em potenciação, com o passar dos anos vão tendo cada vez mais dificuldade em se recarregar, quanto mais primitiva for a evolução da entidade espiritual. Ocorre um desgaste progressivo das unidades energéticas, que passam a vibrar cada vez mais lentamente.

À medida que as vibrações se tornam mais lentas, pelo desgaste e pela dificuldade de reposição das energias, vai se processando uma neutralização energética com redução progressiva das atividades do espírito. Quando esse processo se instala determina um torpor ou sonolência da entidade, impelindo-a à Reencarnação. Assim, as reencarnações compulsórias acabam ocorrendo pela necessidade evolutiva do ser e pelo mecanismo da lei que cria condições necessárias para que ela se processe.

Nesse sentido, nós sugerimos a leitura de *Palingênese A Grande Lei* de Jorge Andréa dos Santos.

---

[11] XAVIER, Francisco Cândido. *Nosso Lar*. FEB, 1944, p. 281.

Os planos espirituais

OS ESPÍRITOS, OU NÓS MESMOS quando livres do invólucro material, habitávamos planos espirituais, que na realidade são planos materiais de outra dimensão.

Quando se diz que o Universo é Infinito, todos nós tendemos a imaginar uma linha horizontal ou vertical que jamais termina... No entanto, a infinitude do Universo vai além disso. Vivemos em um mundo físico tridimensional (comprimento largura e altura) e sabemos, pelas instruções psicográficas e psicofônicas, da existência de outras dimensões infinitas.

Os chamados planos espirituais são os locais ou dimensões onde as entidades espirituais vivem. Como "espírito" realmente é o princípio inteligente, na realidade o termo mais adequado seria "planos materiais de outras dimensões". Assim, as escolas e locais de recuperação ou tratamento, onde os espíritos são preparados para o retorno ao novo mergulho em nossa dimensão, são constituídos de matéria oriunda do mesmo fluido cósmico universal do qual se derivam todas as outras dimensões de matéria do Universo.

Os espíritos se agrupam, associam-se, conforme o seu grau de evolução espiritual e afinidade. A lei de sintonia, sempre presente, determina que as vibrações semelhantes se atraiam, ou melhor, se sintonizem por similitude de frequência vibratória.

Assim como um receptor de televisão ou rádio passa a captar a frequência que escolhemos ao girarmos o botão, recebendo a imagem e o som transmitidos pela emissora que opera na frequência sintonizada, os espíritos são atraídos para a comunidade onde o nível vibratório lhes é afim.

Apesar da relatividade das dimensões, os planos espirituais mais evoluídos normalmente se situam mais distantes do astro habitado (consideramos a Terra em nosso caso); já os planos espirituais constituídos por entidades mais simples e ignorantes, portanto com o perispírito mais denso ou "pesado", ficam sujeitos inclusive à lei de gravidade, permanecendo mais próximos a Terra.

Da mesma forma, como a atmosfera que circunda a Terra permanece presa a ela pela força gravitacional, os espíritos mais limitados em aquisições evolutivas agrupam-se em Colônias Espirituais mais próximas à superfície do planeta. A Lei Universal da Gravidade, que é lei de Deus, determina que a massa física do globo exerça atração sobre a matéria perispiritual que constitui o corpo dos espíritos.

Lembramos que, sem dúvida, esses conceitos aqui emitidos são relativos à questão das diferentes dimensões, mas quanto mais atrasado for o espírito, mais sujeito ele se acha às leis físicas universais.

Recomendamos, para maiores esclarecimentos, a leitura de *A Vida Além do Véu*, de Vale Owen e *A Gênese* de Allan Kardec.

Intervalo de tempo entre as reencarnações

O MEMORÁVEL LÉON DENIS NOS DIZIA que *O espírito dorme no mineral, sonha no vegetal, agita-se no animal e desperta no homem.*[12]

Desde as primeiras instruções psicofônicas e psicográficas registradas pelo codificador, Allan Kardec, há informações bastante claras sobre o progresso do princípio espiritual. Em *O Livro dos Espíritos*[13], questão 607, lemos:

Dissestes (190) que o estado da alma do homem, na sua origem, corresponde *ao estado da infância na vida corporal, que sua inteligência apenas desabrocha e se ensaia para a vida. Onde passa o Espírito essa primeira fase do seu desenvolvimento? Numa série de existências que precedem o período a que chamais de humanidade.*

Na questão 607-A (Kardec, 1992) indaga ao espírito comunicante:

Parece que assim se pode considerar a alma como tendo sido o princípio inteligente dos seres inferiores da criação, não?

---

[12] DENIS, Léon. *O problema do Ser, do Destino e da Dor*. FEB, 1919, p. 423.
[13] KARDEC, Allan. *O Livro dos Espíritos*. FEB, 1992, p. 494, questão 607.

Já não dissemos que tudo na Natureza se encadeia e tende para a unidade? Nesses seres, cuja totalidade estais longe de conhecer, é que o princípio inteligente se elabora, se individualiza pouco a pouco e se ensaia para a vida, conforme acabamos de dizer. É, de certo modo, um trabalho preparatório, como o da germinação, por efeito do qual o princípio inteligente sofre uma transformação e se torna Espírito. Entra então no período da humanização, começando a ter consciência do seu futuro, capacidade de distinguir o bem do mal e a responsabilidade dos seus atos. Assim, à fase da infância se segue a da adolescência, vindo depois a da juventude e da madureza. Nessa origem, coisa alguma há de humilhante para o homem. Sentir-se-ão humilhados os grandes gênios por terem sido fetos informes nas entranhas que o geraram? Se alguma coisa há que lhe seja humilhante, é a sua inferioridade perante Deus e a sua impotência para lhe sondar a profundeza dos desígnios e para apreciar a sabedoria das leis que regem a harmonia do Universo. Reconhecei a grandeza de Deus nessa admirável harmonia, mediante a qual tudo é solidário na Natureza. Acreditar que Deus haja feito, seja o que for, sem um fim, e criando seres inteligentes sem futuro, fora blasfemar da sua bondade, que se estende por sobre todas as criaturas.

Nas questões seguintes de O *Livro dos Espíritos* (Kardec, 1992) o assunto é devidamente aprofundado. Encontramos na mesma obra à questão 540, penúltimo parágrafo, a resposta dos espíritos: *É assim que tudo serve, que tudo se encadeia na Natureza desde o átomo primitivo até o arcanjo, que também começou por ser átomo.*

Na obra O *Consolador*[14], ditada pelo espírito Emmanuel, no capítulo destinado à zoologia, o autor espiritual nos traz as seguintes informações:

---

[14] XAVIER, Francisco Cândido. *O Consolador*. FEB, 1940, p. 236.

Questão 79: Como interpretar nosso parentesco com os animais? Considerando que eles igualmente possuem, diante do tempo, um porvir de fecundas realizações, através de numerosas experiências chegarão, um dia, ao chamado reino hominal, como, por nossa vez, alcançaremos, no escoar dos milênios, a situação de angelitude. A escala do progresso é sublime e infinita. No quadro exíguo dos vossos conhecimentos, busquemos uma figura que nos convoque ao sentimento de solidariedade e de amor que deve imperar em todos os departamentos da natureza visível e invisível. O mineral é atração. O vegetal é sensação. O animal é instinto. O homem é razão. O anjo é divindade. Busquemos reconhecer a infinidade de laços que nos unem nos valores gradativos da evolução e ergamos em nosso íntimo o santuário eterno da fraternidade universal.

Assim, se o princípio espiritual de um inseto desencarna pela morte física do ser, ele volta quase que imediatamente a ser atraído por um óvulo da espécie semelhante a fim de retornar à esfera planetária de onde partiu. No plano espiritual, unidades energéticas que compõem a estrutura do seu corpo espiritual se desgastam com facilidade, entrando rapidamente em neutralização, com consequente sonolência. A ocorrência desse fenômeno lhe impede alongar a vida no plano espiritual, exceto por interferência superior obedecendo a desígnios outros, específicos para cada caso. Dessa forma, o trânsito pela chamada erraticidade é curto.

À medida que são galgados mais degraus na escala evolutiva, a consciência da vida espiritual cresce, bem como a possibilidade de mais tempo de vida no plano extrafísico antes do retorno à próxima encarnação. Um espírito de elevada hierarquia espiritual pode levar milhares de anos para retornar ao planeta, caso assim opte. O que sucede é que o padrão moral do espírito superior expressa-se por vibrações de elevada frequência que não se gastam com facilidade, não entrando rapidamente em neutralização energética e torpor ou sono-lência consequentes. Espíritos adiantados na escala evolutiva podem decidir quanto ao seu retorno mais precoce, apenas por altruísmo, vindo exercer papel missionário entre nós.

Sintonia com o perispírito materno

À MEDIDA QUE O ESPÍRITO SE CONSCIENTIZA da necessidade de renascer no cenário físico, inicia-se todo um processo de acompanhamento e orientação especializada no evento. Como temos no planeta Terra as Maternidades, com uma ampla estrutura para acolher o recém-chegado, no plano espiritual existe a correspondente equipe especializada que acompanha aquele que parte. As obras de André Luiz se referem à existência na Colônia "Nosso Lar", do "Ministério da Reencarnação", que coordenaria essas equipes.

Nos espíritos relutantes, que temem renascer e se recusam a receber o preparo necessário, há intensificação do desgaste de suas unidades energéticas, e o torpor consequente os impele compulsoriamente ao retorno. Algo como se definhassem, morressem para a vida espiritual...

O organismo feminino é privilegiado ninho que receberá o espírito reencarnante. As ligações afetivas ou os desafetos do passado, presos emocionalmente pelos vínculos energéticos, atraem a entidade ao campo vibratório que se lhe afiniza.

Além da ligação espontânea que se verifica, as equipes especializadas passam a dar assistência e promover a progressiva ligação fluídica do espírito como os fluidos perispirituais da futura mãe.

Dessa aproximação vibratória do espírito à "candidata" a recebê-lo origina-se uma crescente interpenetração fluídica entre ambos.

Estabelece-se um intercâmbio energético nas duas direções, com efeitos bilaterais. O espírito vê-se envolvido na malha energética que o prende suavemente, como que expressando um convite ao regaço materno.

Do lado materno surge muitas vezes o desejo progressivo de engravidar, em função do estímulo psíquico gerado pela presença do futuro filho já ligado superficialmente à sua aura espiritual. Emmanuel, no livro *Vida e Sexo*[15], faz alusão ao desejo de engravidar, motivado pelas ligações da entidade ao campo fluídico da futura mãe. Sugerimos sua leitura.

No perispírito materno ou psicossoma, a região que se especializa nesse processo é o Centro de Força Genésico, também conhecido como Chakra Genésico, já há milhares de anos pelos espiritualistas orientais. Apesar de o termo Centro de Força Genésico ser o referido pelos orientadores espirituais, utilizaremos a expressão Chakra Genésico pela praticidade da mesma e porque, historicamente, foi a primeira a ser criada.

O Chakra Genésio é o centro de distribuição de fluidos espirituais e energia vital do plano extrafísico para todo o aparelho reprodutor. Controla não só o mecanismo da Reencarnação, mas também todo o aparelho sexual do corpo físico. É um dos sete Chakras principais do corpo espiritual de todo ser humano encarnado.

As ligações energéticas do espírito em vias de reencarnar, que estavam ligadas superficial e globalmente ao perispírito materno, passam em um segundo estágio a se afunilar progressivamente, dirigindo-se para a região do aparelho reprodutor feminino, estabelecendo ligação mais forte com o Chakra Genésico especializado para essa função.

---

[15] XAVIER, Francisco Cândido. *Vida e Sexo*. FEB, 1970.

A essa altura, o envolvimento ainda não se efetua em nível de corpo biológico materno, mas os fluidos do espírito já buscam adentrar à matéria, irradiando sobre as células físicas pela sua simples presença.

No momento seguinte, a ligação da entidade reencarnante se fará por meio de suas expansões energéticas ao fluido vital do óvulo materno. Como sabemos, todas as células vivas irradiam um campo energético decorrente da presença dessa energia vital nelas existente. Essa energia vital é a que confere o princípio vital, ou princípio de vida, a todos os seres biologicamente estruturados.

A semelhança semimaterial, ou energética, entre o fluido vital do óvulo e os fluidos perispirituais da entidade reencarnante é que permite a ponte necessária para se estabelecer a conexão indispensável à imantação do óvulo.

Contudo, já podemos observar agora o óvulo ainda não fecundado, magnetizado pelo envolvimento dos fluidos perispirituais do nosso personagem principal: o espírito reencarnante. O óvulo assim magnetizado, permanece irradiando, refletindo as energias do espírito. Passará a espelhar o padrão energético que traduz a real situação evolutiva do espírito. Conforme seu adiantamento moral e intelectual, expressará uma determinada frequência de onda em suas vibrações, que se refletirão nas energias que o óvulo irá irradiar, envolvido por essa influência.

A concepção:
o momento da reencarnação

SE O ÓVULO EM GERAL É UM SOLITÁRIO à procura de um companheiro ideal, os pretendentes à sua posse definitiva e à união completa são muitos.

Trezentos ou mais de duzentos milhões de espermatozoides, uma população igual a de muitos países somados se acotovelarão na busca desenfreada de um só troféu. Diz a biologia que o mais apto vence a corrida e fecunda o óvulo. Mas, como mais apto? Por que, às vezes, um espermatozoide portador das mais profundas anomalias genéticas supera todos os demais? Estudando a ciência espírita, encontramos a resposta satisfatória para esse "capricho do acaso".

Genes e magnetismo

Cada espermatozoide traz, em seu bojo, os cromossomos que contêm os genes para todas as características físicas do novo corpo a ser formado. Os genes, moléculas de DNA, são partículas de altíssima complexidade.

Os espermatozoides, conforme os genes que transportam, têm uma vibração energética peculiar. Conforme o padrão genético que levem, emitem uma frequência de onda correspondente. Dizemos que possuem uma aura energética peculiar ao que carregam.

O óvulo, como toda célula viva, possui um campo de fluido vital ao seu redor. Esse fluido vital, ou energia vital, é um campo de força que atrai as energias da entidade reencarnante. O Espírito, ou seja, a entidade reencarnante liga-se ou se prende ao fluido vital (bionergia) do óvulo. Dessa forma, o óvulo passa a irradiar ou a refletir as vibrações do espírito. Há um intenso halo de energia que se projeta ou irradia do óvulo, que agora está imerso nas vibrações do espírito. Esse campo de força ou halo energético passa a atrair, por sintonia de onda, aquele espermatozoide que contém os genes que ele necessita, ou seja, que ele merece.

Conforme o carma da entidade espiritual, expresso pelas suas matrizes perispirituais e refletidas no óvulo, são atraídos os genes que se afinizam com a mensagem energética, transmitida inconscientemente pelas unidades vibratórias do perispírito e recebidas pelas moléculas de DNA (ácido desoxirribonucleico) do espermatozoide correspondente.

São quase 300 milhões de opções diferentes de organismos biológicos apresentadas pelos espermatozoides. Razão por que somos tão especiais ou diferentes uns dos outros. Esse aparente desperdício é a sábia lei da natureza, fornecendo múltiplas opções para que a justiça divina se cumpra por meio das leis biológicas.

Herança cármica

Inconscientemente, eis que o espírito reencarnante que semeou livremente nas vidas passadas e gravou os registros dessa semeadura no seu perispírito, agora impregna o óvulo materno pelas vibrações do seu merecimento e recebe no espermatozoide a colheita obrigatória! O gameta masculino, adequado às suas necessidades cármicas, é rapidamente como que "puxado" por sintonia magnética para o óvulo e ocorre a fecundação ou concepção. Não é pois o "acaso biológico" que determina que um espermatozoide fecunde o óvulo, mas a lei de retorno, da colheita obrigatória, ou lei de ação e reação.

Espermatozoide mais apto, portanto, é aquele que mais sintoniza com as vibrações do nosso personagem, o espírito reencarnante já imantado ao óvulo.

No entanto, até esse momento não houve a Reencarnação propriamente dita. A união do espírito reencarnante ligando-se diretamente às moléculas físicas dá-se no instante em que ocorre o grande choque biológico: a penetração do espermatozoide no interior do óvulo.

No momento da fecundação, milhões de átomos e moléculas das duas células entram em fervilhante atividade organizada. Essa grande atividade, verdadeira explosão de fenômenos, ocorre em uma maravilhosa orquestração regida pela sabedoria universal. Nesse instante solene, o da concepção, as moléculas do corpo espiritual do espírito reencarnante entram, por assim dizer, na intimidade da célula-ovo. Inicia-se assim, nesse instante, em termos físicos, a reencarnação propriamente dita.

A grande "explosão" de reações entre o espermatozoide e o óvulo e a interação entre seus campos áuricos é que propiciou a abertura energética para a fixação dos fluidos perispirituais do nosso personagem às moléculas orgânicas. Foi necessário um momento específico para oportunizar a abertura do campo para a outra dimensão interpenetrar a matéria.

7

A escolha dos pais

A PATERNIDADE E A MATERNIDADE são sempre decorrentes de vínculos pretéritos. O triângulo constituído por pai, mãe e filho sempre resulta de uma continuidade necessária para todos os envolvidos na nova constelação familiar, em que, também, irmãos e parentes próximos são normalmente ligações de encarnações anteriores. Nossas dívidas se fazem muitas vezes dentro do núcleo familiar, e retornamos para corrigir as distorções antigas, no mesmo meio.

Nossos filhos são espíritos. São espíritos com quem já mantivemos anteriormente importantes vínculos. Com relação à natureza desses vínculos, poderemos classificá-los em vínculos de afeto e desafeto. Muitas vezes, as dificuldades vivenciadas por duas pessoas geram entre elas ódio mútuo ou outra ligação fortemente estreitada pelas energias deletérias de sentimentos inferiores. São os vínculos criados pelo desafeto do passado.

Uma vez estabelecida a troca recíproca das vibrações desestruturantes, cria-se um elo magnético que prenderá mutuamente os dois indivíduos. Não só o amor, mas também o ódio une as pessoas. Uma união no sentido de dependência energética que, em alguns casos, chega a consequências extremas.

Terapia do esquecimento

Espíritos ligados um ao outro requerem uma situação de terapêutica, que muitas vezes somente encontra solução adequada pela anestesia do passado, apagando-se temporariamente as lembranças perturbadoras, por meio de nova encarnação.

São comuns os "reencontros" do passado no contexto familiar, mas a Reencarnação se tornará realmente eficaz, na sua função educadora, mantendo os dois envolvidos próximos, criando-se condições para que haja um vínculo de amor entre ambos. Ao renascerem sob o mesmo teto, no templo do lar, pelo instituto divino da reencarnação, anestesiados pela sábia lei do esquecimento do passado, eles caminharão para o perdão recíproco, para o mútuo apreço que, inexoravelmente, desfará as cadeias do ódio.

Aquele bebê rosado (ou cor de chocolate, conforme o caso), quem agora o pai e a mãe abraçam e acariciam emocionados, muitas vezes é uma vítima sua do passado, que agora receberá a atenção e os cuidados que lhe são justamente devidos. Pai e mãe podem se enternecer perante a figura doce, suave de um bebê. A lei da reencarnação propiciou condições para que nesse instante vítima e algozes se abracem, chorem de emoção e passem a desenvolver uma nova experiência: a experiência do amor.

Reencontros

Em determinadas Reencarnações pai e mãe é que foram as vítimas, e o espírito que presentemente desce ao berço, o algoz do passado. Outras vezes o desentendimento maior se faz entre dois do triângulo familiar, e o terceiro se constitui no elemento de aproximação entre ambos.

As circunstâncias são absolutamente peculiares a cada caso, mas somente pelo instituto da Reencarnação e pelo véu do esquecimento do passado é que podemos compreender a máxima cristã de amar os inimigos.

No entanto, muitas encarnações se fazem novamente como continuidade de vínculos afetivos pretéritos. Podemos subdividir as situações de ligações afetivas anteriores em dois grupos: os afetos harmônicos e os desarmônicos.

Analisemos inicialmente as situações de afeto harmônico. Espíritos afins, apresentando interesses comuns, semelhança de vibrações energéticas, auras que se sintonizam suave e facilmente. Antigos parentes, velhos conhecidos desta ou de outras encarnações, que retornam ao convívio a fim de receber o amparo necessário para serem reconduzidos à tarefa maior da sua evolução. Os lares também recebem, portanto, espíritos afins que ampliarão os liames da amizade, fortificando as uniões anteriores.

A terceira situação mencionada é aquela em que a escolha dos pais é efetuada visando corrigir um distúrbio na área afetiva: um afeto desarmônico. Vinculações anteriores, nesse caso, foram estabelecidas não pelo ódio, mas por um afeto egoisticamente criado. Situações em que duas pessoas mantiveram uniões, lesando uma terceira no seu equilíbrio emotivo. Foram situações de ligações extraconjugais de longa duração, e de aparente estabilidade.

Duas pessoas que, embora tenham assumido compromissos com terceiros, passam a conviver sexualmente durante uma existência em detrimento do equilíbrio afetivo de seus parceiros programados. Cria-se entre a dupla uma interdependência energética, em que ambos reciprocamente se alimentam das energias sexuais do novo parceiro, estabelecendo um vínculo que carece de uma reestruturação em nível de valores espirituais, mais de acordo com a lei universal.

Renovação

Vejamos como a Espiritualidade procede nesses casos:

O Plano Espiritual programa, por meio das entidades encarregadas desse setor, uma Reencarnação em que se deverá mudar o padrão energético-afetivo estabelecido entre os dois personagens em questão. A solução mais frequentemente utilizada é a manutenção da união entre ambos, mas não uma união conjugal. Reencarnam como pai e filha ou mãe e filho.

A sabedoria da Lei Universal encontra na Reencarnação o lenitivo do esquecimento para a manutenção do vínculo afetivo, em moldes não lesivos aos envolvidos.

Nessa nova existência, a dupla passará a exercitar o amor desvinculado do envolvimento sexual, mas alicerçado pelas bênçãos do lar.

Em determinadas situações, a intensidade da ligação é tão expressiva que os elos do passado ainda exercem forte interferência na nova vida, chegando a suplantar o instinto maternal e filial. Surgem então o Complexo de Édipo, em que o filho nutre pela figura materna a paixão do passado ainda não anestesiada, suficientemente, por apenas uma reencarnação.

O equivalente no sexo feminino é o Complexo de Eletra, quando a filha ainda guarda fortes reminiscências da vida anterior, com relação à figura paterna. Desvios esses que serão todos sanados senão nesta vida, em outra próxima, pelo trabalho das equipes de planejamento e escolha dos pais do espírito que renasce.

Seja qual for a situação do histórico cármico de nossas famílias é evidente que a Lei Universal é sábia e sempre está nos ensinando que o amor é o único caminho.

8

Assistência espiritual na gestação

JÁ MENCIONAMOS A EXISTÊNCIA do "Ministério da Reencarnação" nas Colônias Espirituais ligadas à esfera terrestre. Equipes especializadas no retorno ao mundo físico estudam intensamente e trabalham, procurando propiciar a situação mais adequada às necessidades evolutivas dos irmãos que necessitam voltar ao planeta.

As obras psicografadas por Francisco Cândido Xavier (Chico) descrevem com detalhes essa assistência. O livro *Missionários da Luz*[16] detalha a Reencarnação do espírito Segismundo, mostrando a participação dos dois planos no processo.

Uma vez tendo sido escolhidos os pais, pelo critério considerado mais adequado à situação evolutiva do espírito e o merecimento dos genitores, inicia-se uma laboriosa assistência espiritual às pessoas mais envolvidas na reencarnação. Habitualmente: pai, mãe e filho.

O trabalho assistencial por vezes necessita estender-se a outros membros da família, cuja interferência na gestação se faz de forma acentuada, como, por exemplo, mecanismo de pressão induzindo ao aborto, ou outras formas de interferência que prejudicam a planificação superior. Por meio da receptividade natural das criaturas, como sensibilidade

---

[16] XAVIER, Francisco Cândido. *Missionários da Luz*. FEB, 1945, p. 258.

paranormal ou mediúnica, os mentores espirituais procurarão, constantemente, instruir para as decisões mais equilibradas e saudáveis, que refletirão no ser que se prepara para voltar ao convívio dos encarnados.

Quando a resistência dos assistidos é muito forte no sentido de acatar as ideias que lhe são sugeridas, a espiritualidade passa a buscar formas indiretas para veicular a mensagem harmonizadora. São enviadas sugestões mentais aos parentes, vizinhos ou profissionais que poderão influir, construtivamente, no processo da aceitação ou amparo à entidade reencarnante.

Durante o sono, habitualmente sucede o desdobramento ou projeção astral dos encarnados. Nessa oportunidade, são dados esclarecimentos ou informações preciosas aos pais.

Comumente é feita a apresentação do espírito reencarnante aos futuros pais, e se existir um desafeto importante entre algum deles com relação ao futuro filho, um intenso trabalho de doutrinação passa a ser executado, visando amenizar as dificuldades mútuas. A projeção astral, consciente ou inconsciente dos pais, tem um papel de relevo nesse trabalho de amparo amoroso dos mentores espirituais.

A assistência recebida pela constelação familiar ocorre antes mesmo da fecundação, já nas fases de aproximação da entidade. Nos lares onde reina o equilíbrio psíquico é possível se preservar a intimidade do casal no momento íntimo que determinará a fecundação.

As vibrações de amor que envolvem os cônjuges cria uma aura energética de alta frequência, estabelecendo um campo de sintonia com os mentores espirituais, propiciando o isolamento no recesso do lar e evitando a aproximação de entidades espirituais não participantes do processo reencarnatório.

Lembra-nos o autor espiritual, André Luiz, que a privacidade do casal é respeitada e que o momento da fecundação ocorre algumas horas após o ato sexual, quando o espermatozoide alcança o óvulo em sua longa caminhada pelo interior dos ductos femininos.

Quando as encarnações se processam nos locais onde a gravidez é considerada um acidente inconveniente, e o amor sexual deixou de ser uma expressão nobre entre duas criaturas para descer às profundidades de um triste comércio, há maiores dificuldades na recepção da assistência transcendental. Embora os mentores espirituais estejam atuando sobre os envolvidos, estabelece-se uma verdadeira capa energética impermeável ao auxílio mais efetivo.

As vibrações mentais dos ambientes, às vezes sórdidos, constituem uma aura de baixa frequência, que não sintoniza com as vibrações mais sutis do plano espiritual mais elevado. Nessa situação não se consegue isolar o casal que fica à mercê das entidades que convivem nesses locais.

No entanto, nas situações mais dolorosas e complexas, acaba reencarnando, por afinidade vibratória, aquele que necessita do meio em questão para o ressarcimento cármico correspondente.

Miniaturização do Perispírito

AO NOS REFERIRMOS A ESSE FENÔMENO, cumpre-nos lembrar que a nossa percepção de encarnados está adstrita à vida tridimensional do nosso Planeta. Nossos raciocínios também se limitam, salvo ocasionais laivos de percepção maior, às dimensões que podemos compreender.

O reencarnar significa acima de tudo, como fenômeno, mergulhar em nossa dimensão física. Estabelecendo um parâmetro referencial conhecido, dizemos que os espíritos em seu corpo espiritual possuem uma altura semelhante àquela atribuída ao homem encarnado, digamos: 1,70 m. Para não polemizar, vamos nos reportar aos espíritos materializados nas sessões ectoplasmáticas e observar que suas alturas são as esperadas para um ser humano.

No exemplo anteriormente citado a respeito da água, dizíamos que – em vapor, líquido ou em gelo – continua sendo molécula de água. O que ocorre nesses três estados físicos é uma maior ou menor concentração das moléculas, que não perdem a sua característica básica, isto é, continuam sendo água.

Sabemos que um espírito reencarnante terá que se fixar em um ovo, embrião e depois em um recém-nascido de aproximadamente cinquenta centímetros. Em termos relativos e de nossa percepção dimensional, diremos que ele em seu corpo espiritual de 170 cm terá de sofrer uma redução volumétrica. Seu perispírito passará por um processo de miniaturização, mas permanecendo com todas as suas características essenciais e registros das vidas passadas.

No singelo exemplo das moléculas de água em três estados físicos, temos a figuração da conservação de identidade, apesar do maior ou menor volume com que se apresenta a substância mencionada.

Como fonte bibliográfica, lembramos *Missionários da Luz* (Xavier, 1945) em que o autor espiritual que edita a obra ao médium Chico Xavier detalha o processo reencarnatório de Segismundo. Em *E A vida Continua*[17], André Luiz, no capítulo 16, faz também referência ao fenômeno da miniaturização.

O embrião, à medida que vai se desenvolvendo, multiplica o número de células e aumenta a área de fixação do corpo espiritual, o qual se prende às moléculas do corpo físico em formação. Ao concluir a gestação, teremos um recém-nato constituído de um grande número de células que comporão as malhas da rede que retém o corpo espiritual.

No processo de redução volumétrica ou miniaturização, as moléculas perispirituais se aproximam, reduzindo os espaços intermoleculares. A perda de atividade vibratória, e a redução da energia cinética, determinam a aproximação molecular, como do vapor d'água ao se esfriar, condensando-se em água líquida. A redução volumétrica acompanha-se de progressiva perda de consciência do espírito, variando o grau dessa perda de acordo com o nível evolutivo da entidade reencarnante. Há espíritos que mantêm sua consciência até adiantadas fases de gestação, enquanto outros a perdem logo no início do processo.

Existe um mecanismo de atração recíproca – de um lado o corpo espiritual e o espírito como polo penetrante ou positivo, do outro lado a matéria receptora como polo negativo. O polo positivo assim

---

[17] XAVIER, Francisco Cândido. *E a Vida Continua*. FEB, 1990, p. 244.

é denominado por ser o elemento diretor, embora influenciado pela matéria. O princípio espiritual automaticamente coordena, molda e domina completamente toda a cadeia de reações que se desenvolvem no processo reencarnatório.

Durante a miniaturização, parte das vibrações mais periféricas do espírito são absorvidas pelas zonas mais profundas, que passam a reter essas potencialidades energéticas.

O conjunto espiritual fica então reduzido ao tamanho do útero, e nas zonas mais periféricas do perispírito passa a sofrer também modificações durante todo o período da gravidez. A Reencarnação, como fenômeno renovador, sempre se dará em posições mais avançadas que as anteriores, expressando o espírito a herança dos caracteres anteriormente adquiridos.

Nos espíritos que vivem ainda nos limites da animalidade, a redução do conjunto espiritual atinge o seu máximo, não se limitando, em espaço, ao tamanho do útero, e sim às dimensões microscópicas da célula-ovo. Esses espíritos, quando desencarnados, apresentam-se com uma postura fixa mental ou monoideísmo auto-hipnotizante de voltar à vida física. Sua ideia fixa neutraliza outras emoções, determinando a diminuição das energias espirituais até ao ponto das moléculas se condensarem em nível microscópico de um núcleo de célula-ovo.

A redução volumétrica do corpo espiritual tem um papel muito importante na facilitação das tarefas do espírito na nova encarnação. Além de propiciar a integração ao novo corpo biológico, determina a perda de consciência progressiva com a importante consequência do esquecimento do passado.

Quando mencionamos o esquecimento ou perda da consciência do passado esse conceito tem sido confundido com o de perda das informações. Contudo, essas não se perdem, apenas são arquivadas e bloqueadas na sua expressão.

O esquecimento temporário é imprescindível à estabilização psicológica frente às situações cármicas de reencontro familiar e outras necessárias à evolução do espírito. Assim, passam a conviver no mesmo lar espíritos afins e espíritos antagonistas buscando a aproximação, o perdão e o amor.

Os enjoos da gestante

COM O DESENVOLVIMENTO DA GRAVIDEZ, à medida que o embrião vai se estruturando, conforme o molde energético dado pelas matrizes espirituais da entidade reencarnante, vão se intensificando as trocas fluídicas, ou energéticas, entre o perispírito da mãe e o espírito reencarnante.

Já se observa, a certa altura, uma intensa sintonia vibratória com grande intercâmbio de energias. Sucede que essas vibrações permutadas podem ser doentes (espiritualmente falando) ou sadias. As vivências das encarnações anteriores, indelevelmente, registradas nos arquivos energéticos do espírito, são núcleos de emanação de ondas que exercem influência sobre a gestante.

As experiências de sofrimentos ainda não resolvidos psicologicamente, os ressentimentos mantidos, são concentrações de força a irradiar sobre a estrutura energética materna. As experiências comuns entre mãe e filho vividas em estâncias pretéritas se reencontram agora com uma anestesia parcial.

Não resta dúvida que é a grande oportunidade da reaproximação, para a resolução dos débitos passados. Também é importante se reafirme toda a assistência espiritual presente no transcurso da gravidez, amparando a dupla.

Gestação, sublime intercâmbio

As trocas fluídico-energéticas entre ambos frequentemente produzem enjoos à mãe. A intensidade desses enjoos muitas vezes está relacionada a diferenças de nível evolutivo entre o espírito reencarnante e a gestante.

Em determinadas situações, no entanto, não se trata de diferença de nível espiritual, pois normalmente aos espíritos superiores não é difícil superar e compreender as limitações dos menos evoluídos. Frequentemente, são os reconhecimentos inconscientes das experiências comuns vividas. São as sensações decorrentes, do espelhar mútuo, da situação espiritual vivenciada no passado e ainda não resolvida.

Cuidemos, no entanto, para não cometermos injustiça ou erros apressados de julgamento. Os enjoos têm também causas meramente orgânicas ligadas a fatores anatômicos e fisiológicos do processo gestacional. Atribuir aos enjoos apenas significado de ordem espiritual seria empobrecer a ciência espírita e comprometer a sua imagem perante as pessoas de bom senso.

Os estranhos desejos da gestante

AS APARENTES EXTRAVAGÂNCIAS DA MULHER GRÁVIDA teriam como causas influências do espírito reencarnante. Não estamos aqui excluindo de maneira alguma o componente fisiológico. As profundas alterações hormonais, sob o comando da hipófise, a maestrina do concerto endócrino, são sem dúvida cofatores que interferem no psiquismo da gestante determinando tendências na esfera alimentar. Tendo sido feito esse alerta, cumpre-nos estudar a outra face da moeda.

Estando a estrutura do corpo espiritual da entidade reencarnante unida ao Chakra Genésico materno, passa a sofrer a influência de fortes correntes eletromagnéticas que lhe impõem a redução volumétrica já comentada. Ocorre a redução dos espaços intermoleculares da matéria perispiritual. Além dessa redução, toda a matéria excedente que não serve ao trabalho fundamental da refundição da forma é devolvida ao plano espiritual e reintegrada ao fluido cósmico universal.

No organismo materno, mais especificamente no Chakra Genésico, há uma função que lembra o trabalho de um exaustor de cozinha. Nesse aparelho doméstico se processa a absorção da gordura excedente, eliminando-a do ambiente. Conforme encontramos na obra

Entre a Terra o Céu[18], capítulo XXX, o autor André Luiz se expressa da seguinte forma: *O organismo materno, absorvendo as emanações da entidade reencarnante, funciona como um exaustor de fluidos em desintegração, fluidos estes que nem sempre são aprazíveis ou facilmente suportáveis pela sensibilidade feminina.*

Há espíritos que por se acharem zoantropizados ou licantropizados (formas específicas de deformidades), portanto com a morfologia bastante alterada e acrescida de fluidos prejudiciais, sofrerão intenso processo de reabsorção fluídica por parte do psicossoma materno, gerando intensas e frequentes sensações psíquicas na gestante.

Essas sensações não têm tradução lógica em valores conhecidos aos sentidos físicos. Como são sensações, o cérebro decodifica em algo material que se expressa como: desejo de comer ou cheirar alguma coisa, fazer algo diferente etc. Portanto, embora seja inverdade que desejos insatisfeitos possam determinar defeitos físicos no bebê, mera crendice, os desejos existem e, quando não são tão absurdos como comer sabonete com cebola, não custa nada (às vezes) satisfazer a pobre da gestante...

Mas não exageremos...

---

[18] XAVIER, Francisco Cândido. *Entre a Terra e o Céu*. FEB, 1954, p. 267.

12

Educação pré-natal do feto

ONFORME VIMOS ESTUDANDO, há intensas trocas energéticas entre a gestante e o concepto. Assim como esse intercâmbio fluídico exerce influência sobre a mãe em nível psíquico, o mesmo ocorre com relação ao espírito em processo de reencarnação *intraútero.*

A grande diferença de situação entre ambos, mãe e filho, é o nível de consciência em que se encontram. À medida que a gravidez avança em tempo e desenvolvimento, o espírito reencarnante passa a perder, progressivamente, o domínio de suas faculdades psíquicas que se prendem ao Sistema Neuroendócrino em formação.

Quanto à mãe, passará cada vez mais, dia a dia, a influenciar com suas emanações mentais o espírito prisioneiro do novo arcabouço biológico.

Na fase embrionária e fetal, mesmo não havendo desenvolvimento neurológico que permita ao cérebro registrar informações, o espírito, por meio da memória chamada extracerebral, registra informações e experiências captadas pelo filtro materno, no meio exterior.

As experiências de regressão de memória, ou retrocognição, efetuadas pelos terapeutas de T.V.P., muito têm nos oferecido de comprovação prática. A Terapia de Vivências Passadas tem logrado obter um vastíssimo material a esse respeito. Não há como negar que os indivíduos retroagidos à idade fetal rememoram detalhes da vida intrauterina e emoções vivenciadas pela mãe.

Os pensamentos maternos de nível elevado, as ideias de paz, fraternidade e amor ao próximo, ou outros valores éticos podem e devem ser utilizados para, desde agora, durante a gravidez, educar aquele que aporta no templo do lar.

Pensamentos construtivos e de conteúdo ético constituem ondas de alta frequência, vibrações mentais percebidas pelos sensitivos como de tons claros e brilhantes. Essas vibrações ou ondas magnéticas vão banhando suavemente o espírito preso nas malhas da Reencarnação – vibrações geradas pelo pensamento materno.

Diariamente, o Espírito poderá receber verdadeiros passes de amor por meio do diálogo que sua mãe pode e deve manter com ele. A mãe esclarecida, tendo consciência desse processo, já vai educando o espírito reencarnante na doutrina de amor e sabedoria.

Assim como se condiciona alguém lhe falando diariamente durante o sono, os nove meses de gravidez se constituem na grande oportunidade de se imprimir condicionamentos educativos ao futuro filho.

Lamentavelmente, a visão materialista da maioria dos médicos impede a aceitação da memória extracerebral. Não acreditando na existência do espírito, perdem muito no que se refere à instrução da gestante a respeito do diálogo com o feto. Felizmente, cada vez mais, surgem movimentos filosóficos que reacendem esses conhecimentos espirituais.

O conhecimento de que somos seres milenares nos dá uma visão mais ampla do processo educativo. Cada vez que mergulhamos nas águas uterinas maternas, apenas esquecemos temporariamente nosso volumoso patrimônio construído por inúmeras Reencarnações.

As tendências, vocações e potenciais diversos estão latentes, temporariamente, adormecidos para serem aprimorados, lapidados, incentivados ou redirecionados pelos fatores educacionais os mais diversos:

físicos, extrafísicos, mesológicos, mas fundamentalmente pela ação constante das 24 horas diárias de amor, de carinho e de exemplificação dos pais, em especial daquela que é o ninho da vida – a mamãe.

Prece e Evangelho no Lar na gravidez

EM FUNÇÃO DO INTERCÂMBIO MATERNO-FETAL em nível energético, é de grande importância para a estabilidade psíquica de ambos, mãe e filho, a execução correta e habitual da prece durante a gestação.

A prece só tem valor pelo pensamento que lhe está vinculado. Ora, é impossível vincular um pensamento qualquer a uma fórmula exterior e convencional. As preces decoradas, via de regra, se não são inócuas, pelo menos perdem muito em eficácia. Isto porque o que não se mentaliza não pode tocar os sentimentos.

Para muitas pessoas, as preces são apenas amálgamas de palavras que nada dizem à mente. Para que a prece toque, necessário se faz que cada palavra desperte uma ideia, e desde que não seja entendida ou sentida, nenhuma ideia pode despertar. Há dois mil anos, o apóstolo Paulo já ensinava: *Se oro numa língua estranha que não entendo, meu coração ora, mas minha inteligência não colhe fruto.*[19]

Somos portanto contrários a prescrever fórmulas absolutas de preces. O pensamento é tudo. As preces de todos os cultos são boas,

---

[19] *Bíblia. O Novo Testamento.* Paulo.

quando não ditas apenas com os lábios, mas com os sentimentos mais profundos. As preces deveriam ser claras, simples, cada palavra pondo em vibração as "fibras da nossa alma".

Orar não é privilégio de religiosos. Há ateus que oram melhor que repetidores maquinais de fórmulas convencionais de prece. Está se orando quando se pensa em amor, paz, fraternidade, sabedoria, perdão ou qualquer valor ético indiscutível. No futuro não encontraremos mais posturas religiosistas de superfície, mas uma religiosidade independente de rótulo exterior, um religiosidade holística e de comunhão com a força cósmica universal.

Dentro do critério exposto, a prece durante a gravidez cria uma aura energética superior em torno do feto, protegendo-o. Abre-se um canal de sintonia permanente com as energias cósmicas de alta frequência e oportuniza-se a interferência constante dos protetores espirituais do binômio materno-fetal.

Algumas famílias têm o excelente hábito de executar semanalmente a leitura do Evangelho no Lar. No movimento espírita costuma-se chamar de Culto Cristão no Lar, ou Evangelho no Lar, a essa prática. Como a Doutrina Espírita não prevê cultos de qualquer espécie, sugerimos não usar a expressão "Culto Cristão no lar" nem "Culto do Evangelho no Lar", mas "Reunião do Evangelho no Lar".

Aliás, por que nos restringirmos apenas ao termo "Evangelho"? Sugerimos "Reunião de Harmonização do Lar". Quanto à leitura, poderia ser de conteúdo espírita, porém mais ampla e aberta sem nos restringirmos a apenas um livro específico como se fosse um livro sagrado. De qualquer forma, a reunião é muito útil para se congregar a família em torno de um objetivo superior e psiquicamente saudável.

Estabelece-se um liame mental entre todos os membros da família, reforçando os laços espirituais. Como se sabe, não é adequado no ambiente doméstico e na reunião do Evangelho no Lar o intercâmbio mediúnico, prática essa que deve ser restrita, via de regra, ao local específico. Semanalmente, embora às vezes semi-adormecido, o espírito re-encarnante ouvirá o Evangelho no Lar e ficará envolvido na atmosfera cristã que se estabelece no ambiente doméstico. Verdadeiras transfusões de energia se operam, ao se criarem condições favoráveis à Espiritualidade Maior.

Transferência dos arquivos espirituais para o corpo físico – histogênese orgânica

SABEMOS, PELOS ESTUDOS DA EVOLUÇÃO, que todas as espécies tiveram sua origem em transformações sucessivas de outras que as antecederam. Os organismos mais aperfeiçoados que hoje povoam o planeta, inclusive a espécie humana, procederam de seres unicelulares dos remotos tempos da gênese planetária.

As experiências vivenciadas pelos seres se faz registrar de forma indelével, tanto no espírito quanto fisicamente, e acham-se presentes nos reflexos e instintos biológicos, frutos das múltiplas repetições das Reencarnações vividas. O que foi aprendido incorporou-se ao patrimônio do ser e agora passou ao automatismo fisiológico.

Com relação ao espírito, que é o princípio inteligente, tanto em seus revestimentos mais periféricos quanto nos mais profundos, formam-se núcleos energéticos de arquivos das experiências anteriores. O campo energético, cravejado de pontos irradiantes, um verdadeiro céu de estrelas incontáveis, representa todo o manancial de experiência da vida integral do espírito. No dizer de Dr. Jorge Andréa dos Santos, os pontos, verdadeiras individualidades, seriam corpúsculos ou núcleos em potenciação, cujas características foram constituídas pelo registro ou absorção das experiências passadas. Os núcleos estariam sempre em irradiação contínua para a periferia. Quanto maior o aprendizado espiritual, por meio das diversas etapas reencarnatórias, maior será a expansão energética desses núcleos em potenciação e, portanto, mais experiente e evoluído o espírito.

Embora a estrutura especializada em gravar os fatos vivenciados pelo espírito seja o corpo espiritual, as gravações finais se situam no patrimônio do espírito.

As incontáveis experiências acumuladas pelo espírito, desde as mais remotas encarnações da fase pré-humana, encontram-se impressas em si próprio. A cada nova formação do corpo físico são recordadas as fases pregressas e reimpressos no novo embrião os arquivos do passado. Assim, a célula-ovo representa os seres unicelulares que principiaram a vida nos oceanos primitivos, em cujas águas tépidas os princípios espirituais iniciaram a vida já na fase de ser vivo.

Se procedermos a um estudo mais detalhado das fases do embrião, encontraremos uma sequência de desenvolvimento embriológico em que as fases da evolução estão assinaladas.

Diz-se que a ontogênese (embriogênese) recorda a filogênese (origem das espécies). O líquido amniótico materno, no útero, é o habitat morno em que a célula-ovo vai recordar as diversas passagens pelas espécies que já percorreu na sua longa jornada evolutiva.

Se nos detivermos em diversas fases do embrião, vamos perceber o desfilar sucessivo das formas evolutivas do passado. Surpreenderemos, por exemplo, o embrião passando pela fase em que estagiou o espírito na classe dos peixes. Em determinados embriões, inclusive, por distúrbio embriológico, as fendas branquiais não se fecham, e a criança nasce com cisto ou fístula branquial.

Podemos, também, observar mais tarde uma cauda que registra a passagem por outras fases evolutivas do ser. Enfim, inúmeras passagens na sequência cronológica que demonstram a mesma evolução. Para estudos minuciosos, inclusive em nível celular, sugerimos a análise cuidadosa da obra *Evolução em Dois Mundos*[20], editada pela F.E.B. e recebida psicograficamente pelo conceituado médium Francisco Cândido Xavier.

Chama-se de histogênese orgânica essa formação dos tecidos no organismo embrionário comandada pelos núcleos energéticos ou matrizes perispirituais do espírito. Todo o histórico das vidas anteriores do espírito passa a ser registrado e recordado no novo corpo que se forma.

Fenômeno análogo acontece quando ocorre a morte física, em que o processo de cadaverização ocasiona a histogênese espiritual, gravando nas recentes unidades energéticas do perispírito as lembranças dos acontecimentos de toda a vida, memorizadas em tempo rápido e curto.

Isto se comprova, até facilmente, entrevistando pessoas que estiveram próximas à morte em desastre, suicídio e acidentes frustrados, em que se dá verdadeira síntese mental das experiências da vida em espaço de tempo muito reduzido. Recorda-se o básico de toda a vida em alguns minutos, como se fosse um filme em alta velocidade, desgravando do cérebro para os arquivos energéticos do corpo espiritual. Na realidade, uma cópia do filme da vida é registrada.

---

[20] XAVIER, Francisco Cândido. *Evolução em Dois Mundos*. FEB, 1986, p. 220.

A glândula pineal e a perda de consciência do espírito reencarnante

NO INTERVALO QUE MEDEIA *da concepção ao nascimento, goza o Espírito de todas as suas faculdades?*
Mais ou menos, conforme o ponto em que se ache, dessa fase, porquanto ainda não está encarnado, mas apenas ligado. A partir do instante da concepção, começa o Espírito a ser tomado de perturbação, que o adverte de que lhe soou o momento de começar nova existência corpórea. Essa perturbação cresce de contínuo até ao nascimento. Nesse intervalo, seu estado é quase idêntico ao de um Espírito encarnado durante o sono. À medida que a hora do nascimento se aproxima, suas idéias se apagam, assim como a lembrança do passado, do qual deixa de ter consciência na condição de homem, logo que entra na vida. Essa lembrança, porém, lhe volta pouco a pouco ao retornar ao estado de Espírito. (Kardec, 1992, questão 351).

A época da perda da consciência durante a gestação, por parte do espírito reencarnante, varia em termos de tempo, de acordo com a evolução da entidade. Esse fenômeno de perda consciencial está ligado, em parte, à sua miniaturização que poderá ser tão intensa, chegando aos limites mínimos da célula-ovo, em caso de Reencarnação compulsória, ou até ao tamanho do útero. Nos casos de entidades espirituais com o corpo espiritual menos denso, a miniaturização não se faz tão intensa e esse fator de perda de consciência atua menos expressivamente.

A glândula Pineal, também chamada de Epífise, situada na caixa craniana do feto e intimamente relacionada com o cérebro, tem também papel fundamental no fenômeno da perda de consciência do espírito.

A glândula Pineal foi bastante conhecida dos povos antigos, o que se depreende pelas diversas descrições da mesma desde remotas eras.

Descartes[21] fez interessante e detalhada descrição da Pineal, atribuindo a essa glândula papel relevante, que se tornou conhecido até os nossos dias. Para o autor, a alma era o hóspede misterioso da glândula Pineal.

Outro cientista, Leydig[22], expressou-se de forma semelhante ao dizer que a glândula Pineal seria o órgão responsável pelo "sexto sentido".

Pelos estudos efetuados em embriões de lacertídeos (lagartos) descobriu-se um órgão que foi considerado como o olho pineal, ou terceiro olho, considerado por muitos cientistas como existentes nos animais fósseis. Segundo o Dr. Jorge A. dos Santos na obra *Palingênese, a Grande Lei*[23], poderíamos pensar que o olho pineal, ao invés de um elemento regressivo ou órgão vestigial, com tendência ao desaparecimento, fosse, ao contrário, um órgão em desenvolvimento. O chamado terceiro olho, por mutações e transformações evolutivas, passou gradativamente a dar origem à glândula Pineal.

O olho pineal dos lacertídios marca um dos estágios da evolu-

---

[21] René Descartes – físico, filósofo e matemático francês.
[22] Franz Von Leydig – anatomista alemão.
[23] SANTOS, Jorge A dos. *Palingênese, a Grande Lei*. Caminho da Libertação, 1975, p. 154.

ção em que a individualidade espiritual, pouco expressiva nas espécies inferiores, começa a desabrochar.

A Pineal pode ser considerada o órgão por meio do qual o espírito se expressa mais diretamente no corpo biológico. Antes de sua existência nos vegetais ou animais mais simples, ao invés de individualização de energia espiritual, observa-se um "sincício energético" (alma grupo das espécies). Assim, embora cada muda de grama seja uma individualidade, por exemplo, o gramado todo se expressa por esse sincício energético e não como um conjunto de espíritos autônomos.

O EU indestrutível se manifesta, então, superando o determinismo compulsório, para a conquista de mais um grau evolutivo, rumo ao livre arbítrio da espécie humana, com o surgimento da Glândula Pineal da história evolutiva dos seres.

Em torno do 4º e 5º meses de vida intrauterina, a Glândula Pineal já apresenta células e tecido de sustentação, alcançando 2mm de diâmetro. Durante esse período, via de regra, o espírito reencarnante começa a perder a consciência, atingindo rapidamente a total inconsciência.

É na Pineal que as expansões energéticas do psicossoma (perispírito) prendem-se mais profundamente, sendo por isso chamada "a glândula da vida espiritual" pelos palingenesistas (reencarnacionistas).

À medida que o desenvolvimento da Pineal se processa, cada vez mais se acentua a união com as energias espirituais que impulsionam todo o desenvolvimento fetal modelado pelas matrizes perispirituais.

As modificações que ocorrem na glândula pineal são observáveis até os dois anos de idade. Daí até seis ou sete anos as transformações são muito lentas. É exatamente nesse período, entre seis e sete anos, que a Reencarnação poderia ser considerada como definitiva, pois o espírito passa a ter fixação completa ao organismo biológico e principalmente à Pineal.

A Sabedoria Divina, ou Lei Universal, determinou pelas linhas evolutivas que até os seis ou sete anos de idade o espírito possa receber

Gestação, sublime intercâmbio

dos pais expressões mais superiores de boa conduta moral sem reagir intensamente. Como o espírito não é ainda senhor do seu novo cérebro, há portanto, nesse período que vai desde a concepção até os sete anos, oportunidade para serem gravados, no cérebro novo, bons conceitos ou exemplos éticos que serão repassados aos arquivos perispirituais, dando novo impulso evolutivo ao espírito.

Para os educadores em geral, é a grande oportunidade de se semear, regar e adubar no terreno propício, onde os fatores do passado adormecidos pela imaturidade da Pineal não interferem, significativamente, prejudicando o preparo da semeadura.

16

O sexo do bebê

SÃO CONHECIDOS DA LITERATURA OS CASOS dos monarcas que baniram suas companheiras por não lhes terem dado um filho varão. Motivos outros à parte, se essa era realmente a razão, hoje os mínimos conhecimentos de Biologia e Genética nos demonstram que a mulher sempre produzirá um óvulo feminino. Ao homem é que caberá fornecer os espermatozoides que determinarão o sexo do bebê.

As células do nosso corpo apresentam todas elas 23 pares de cromossomos. Desses, um dos pares é que determina o sexo. Se possuirmos o par *xx* seremos mulher. Se possuirmos *xy* seremos homem. As únicas células do corpo que não possuem 23 pares de cromossomos, totalizando 46, mas apenas a metade deles (23), ou seja, 1 de cada par, são o espermatozoide e o óvulo. Essa formação é feita especialmente para cada metade encontrar o seu par correspondente na concepção.

Como a mulher se apresenta com *xx* em todas as células, o óvulo só poderá ter *x*, que é o representante do par chamado cromossomo sexual.

Da mesma forma, de maneira análoga, se o homem se apresenta em todas as células de seu corpo com 23 pares de cromossomos, sendo no par sexual *xy*, ele poderá formar espermatozoide contendo o cromossomo x (feminino) ou o cromossomo y (masculino).

A união de um espermatozoide x com o óvulo, que sempre é x, dará um ovo feminino, ou seja, uma futura menina.

A união de um espermatozoide y com o óvulo dará um ovo xy, portanto desenvolverá um corpo masculino.

Apesar de, em sua essência íntima, o espírito não ter sexo, as vivências pregressas determinam uma nítida polarização energética do espírito reencarnante, com características masculinas ou femininas.

Podemos dizer que o espírito humano possui nas forças psicossexuais um dos pilares da sua própria evolução intelectual e ética, por ser a consequência de aquisições multimilenares e continuamente renovadas pelas novas experiências no ciclo das Reencarnações. Enquanto o espírito não se apresentar integralmente desenvolvido e equilibrado na sua totalidade sexual, exteriorizará sempre, no processo palingenésico, a polaridade sexual que está a exigir experiência e vivências na zona física.

Os espíritos superiores possuem o potencial dessas energias sexuais de forma integral. Nos espíritos menos evoluídos, como os de nosso planeta, as forças estarão pendentes na polarização masculina e feminina, com variações maiores ou menores, conforme as características individuais dos mesmos.

Convém também referenciar que os espíritos, pelas suas características perispirituais, são vistos pelos médiuns videntes com o aspecto de sua última encarnação humana e, com isso, também demonstram a sua polaridade sexual. Tanto os espíritos masculinos como os femininos expressam-se e imprimem em suas vibrações energéticas a tendência sexual que lhes é natural e decorrente de suas inclinações mentais.

Essas características, quando não modificadas ou bloqueadas por uma razão superior, com finalidade educativa, vão expressar na organização física um sexo masculino ou feminino.

Anteriormente à fecundação, o espírito reencarnante, ligado ao óvulo, expressa a sua polaridade sexual por uma vibração típica. Isso significa que se seu corpo espiritual traz a polaridade masculina, ele irradia essa energia masculina envolvendo o óvulo com essa necessidade ou programação reencarnatória. Energia que passará a atrair o espermatozoide *y*.

Portanto, a fecundação do óvulo por um espermatozoide masculino, determinando um sexo masculino não é um fato casual, mas a real necessidade do espírito vivenciar o sexo que está estruturado energeticamente em seu corpo astral. Em função dessa característica, de suas energias, o óvulo passará a atrair e a conduzir com equilíbrio e precisão o espermatozoide mais credenciado à formação do sexo do futuro ser, masculino (espermatozoide *y*), ou na situação oposta, quando o espírito traz no corpo astral a polaridade feminina, o espermatozoide feminino (espermatozoide *x*).

Como já temos conhecimento, o intercâmbio energético-mental entre mãe e filho, na vida intrauterina, exerce profunda influência sobre o ser que volta ao palco da vida para uma nova personificação no teatro da existência. Posturas psicológicas maternas (principalmente) de fixação ou não aceitação de um sexo, no futuro filho, podem trazer desequilíbrio na esfera psicossexual do mesmo, predispondo-o a posturas desequilibradas com relação à aceitação de si próprio. Não pretendemos com isso generalizar a origem das múltiplas patologias psicológicas nessa esfera, que possuem um grande número de fatores atuantes.

Reencarnação e patologia do sexo – intersexualismo

CONSIDERANDO A DIVERSIDADE de conceituação existente na leitura psicológica, médica, filosófica e outras, a respeito dos enunciados supra mencionados, cumpre inicialmente nos posicionarmos a respeito do significado que estamos atribuindo a cada uma das denominações a serem estudadas.

Chamaremos de intersexualismo os casos individuais que desde o nascimento apresentam a genitália ambígua, ou seja, aquela que suscita pesquisa médica, por vezes minuciosa, para a definição do sexo. São os casos clínicos de recém-natos em que apenas o exame externo ou ectoscópico não permite, em geral, determinar se aquela pequena criatura é do sexo masculino ou feminino.

Nesses casos, recorrem-se a métodos laboratoriais, radiográficos ou cirúrgicos para o esclarecimento e encaminhamento correto do problema. São designados esses casos de intersexualismo, também de pseudo-hermafroditismo, pois hermafroditismo seria a existência completa dos órgãos reprodutores dos dois sexos em um mesmo indivíduo.

O intersexualismo ocorre, sem dúvida, por fatores genéticos e embriológicos, que por sua vez são consequência da influência energética do estado patológico do espírito. A profunda desarmonia existente nos núcleos psicossexuais do inconsciente irradiam ondas magnéticas para a periferia, influenciando sobre as moléculas de DNA (genes), que pelas suas características energéticas de alta especialização passarão a responder com as anomalias físicas consequentes. O uso da sexualidade e do sexo de forma confusa, desequilibrada, e nitidamente fora dos padrões éticos, levando ao sofrimento de outros, foram fatores que determinaram a profunda desarmonia nos núcleos psicossexuais do perispírito.

O modelo ou matriz astral, em estado desorganizado, foi a causa ou fonte geradora da manifestação física intersexual. Lembramos que há casos em diferentes níveis, diferentes gradações, determinando consequências, também, em graus correspondentes.

Nos bebês intersexuais, após a análise médica do caso envolvendo cariograma com corpúsculo de Baar (que identifica o sexo feminino quando presente em mais de 5% das células) e a cirurgia é indicada, torna-se de grande importância o amparo psicológico e espiritual da criança na sequência do acompanhamento do caso.

18

Reencarnação e transexualismo[24]

ONCEITUANDO TRANSEXUALISMO, adotaremos o critério do ilustre colega Dr. Jorge Andréa. São agrupados nessa denominação aqueles indivíduos que não têm qualquer ambiguidade anatômica na sua genitália. Fenotipicamente (aparência biológica) são normais, e suas características físicas são todas relacionadas a um só sexo. Não há desvio biológico de qualquer natureza: os órgãos genitais são absolutamente normais, como toda a fisiologia hormonal.

No transexual, dentro da exterior normalidade, haveria alterações psicológicas, ou seja, as atitudes emocionais do indivíduo correspondem ao sexo oposto. Seriam, por exemplo, homens com órgãos sexuais anatomicamente normais, com fisiologia também sem anormalidades, porém de psiquismo correspondente a um espírito feminino.

Da mesma forma, para o lado feminino, estaríamos distante de uma mulher anatomo-fisiologicamente sem qualquer anormalidade, porém possuindo um arcabouço psicológico refletindo atitudes e atividades tipicamente masculinas.

Muitos transexuais jamais se permitem atitudes de desequilíbrio em relação à sua morfologia. Muitos deles se tornam artistas das

---

[24] Diferindo da conceituação de transexual que se observa comumente.

letras, da música ou da pintura, canalizando seu potencial energético para essas atividades. Muitos desenvolverão funções sexuais corretas em relação à sua fisiologia, sem excessos, próprios do sexo em que se encontram reencarnados, embora as tendências psicológicas de polarização oposta. Muitas vezes incompreendidos ou mal interpretados, são tidos como homossexuais.

Observando a História, encontraremos muitos casos de transexualismo (sempre dentro da conceituação acima exposta), adaptados e equilibrados à sua condição física. Vejamos o caso do famoso Chopin, que se consorciou com a romancista George Sand.

Chopin, embora homem biologicamente, possuía uma alma tipicamente feminina, refletindo-se na grande sensibilidade da arte. Sua sensibilidade crescia cada vez mais, em termos de espírito, à medida que se enfraquecia pela doença. George Sand, que expressava em seu corpo feminino sua condição de mulher, tinha toda a psicologia masculina. Desde seu pseudônimo, George, até pelas atitudes e resoluções fortes que tomava. Diz-se que, quando uma goteira se fazia no telhado, Chopin se inspirava em compor, enquanto sua esposa George Sand pensava como consertar o vazamento no teto...

Há espíritos que reencarnam em sexo oposto à sua natureza íntima não havendo prejuízos para sua vida sexual ou social. Se existe harmonia anterior e interior, essa harmonia se transmite para a periferia. Espíritos podem reencarnar em ambos os sexos, sem haver qualquer distúrbio psicológico ou comportamental. Voltamos a frisar que a conceituação de transexualidade que estamos adotando nada tem a ver com os desvios homossexuais. Passaria o espírito, em constante evolução, por série periódica de encarnações em um determinado sexo e posteriormente em outro, como que obedecendo a uma lei de harmonia dos contrastes ou equilíbrio de polarização.

Reencarnação e homossexualismo

AO CONTRÁRIO DO QUE MUITOS POSSAM IMAGINAR, a posição da Doutrina Espírita não é de condenação ao homossexual. Aliás, a filosofia espírita não possui a característica da condenação de quaisquer atos ou posturas. Ao invés disso, estuda e compreende a origem dos problemas procurando esclarecer os indivíduos e não condená-los.

Todas as tendências, vocações ou inclinações psicológicas não são decorrentes apenas de nossa vida atual. Nossa História é muito mais antiga e complexa do que possa parecer. Se for verdade que a gestação é uma fase extremamente importante na transmissão de energias mentais da mãe para o filho e vice-versa, se é real que nosso psiquismo se consolida por meio das experiências das diversas etapas infantis e juvenis, há muito, além disso.

Dos mais profundos arquivos do inconsciente, trazemos um somatório de vivências tanto felizes quanto desagradáveis. Alegrias, decepções, momentos de enlevo ou traumas violentos foram por nós assimilados em vidas passadas. Construímos energias, em nós mesmos, que poderão permanecer conosco durante séculos.

Não é possível, segundo a ótica do conhecimento reencarnacionista, limitarmo-nos a uma visão reducionista relativa a poucas décadas de uma existência, quando temos informação de que somos seres humanos que reencarnamos há muitos milhares de anos.

Não se trata de dogma de fé ou de crença cega. Trata-se de documentação obtida por meio de relatos de espíritos desencarnados, documentação por meio de memória extracerebral na qual pessoas se recordam espontaneamente de vidas passadas, e documentação obtida por terapias regressivas a vivências pretéritas. Há uma infinidade de experiências, das mais diversas ordens, que comprovam ser nosso psiquismo a resultante de uma longa caminhada.

Assim, qualquer peculiaridade comportamental nossa, seja na esfera sexual, seja em qualquer outra esfera, necessita ser entendida pela cosmovisão espírita. A homossexualidade, portanto, não fará exceção, pois se trata de uma característica bastante expressiva e determinante de importantes repercussões individuais, familiares e sociais.

Torna-se importante frisar que a homossexualidade não ocorre, simplesmente, pela mudança de sexo biológico de uma encarnação para a seguinte. Isso quer dizer que, se uma mulher necessita renascer como homem, ou vice-versa, esse fato, por si só, jamais determinará qualquer comportamento na esfera da homossexualidade.

Homem e mulher que estão harmonizados e em sintonia com sua sexualidade, ao reencarnarem no sexo oposto continuarão a emitir harmoniosamente sua energia sexual. O Chakra Genésico que trabalha em equilíbrio expressará essa normalidade pelo veículo corporal, conforme a sua fisiologia e anatomia pelas quais se expressa na nova existência física.

A adaptação faz-se automaticamente, quando não há distúrbios anteriores. A Espiritualidade sempre nos esclarece, que a Reencarnação em sexo diferente do anterior não acarreta comportamentos homossexuais. A própria lógica nos leva a essa conclusão, pois a lei universal do renascimento visa harmonizar as criaturas e não gerar dificuldades e conflitos íntimos desnecessários.

Conforme já comentamos em outros escritos, em nosso planeta existem apenas dois sexos biológicos: o masculino, proveniente da união de um espermatozoide Y com um óvulo, e o feminino, proveniente da união de um espermatozoide X também com o óvulo.

Apesar de, em sua natureza íntima, o espírito não ter sexo, as experiências das vidas passadas determinam uma nítida polarização energética do espírito reencarnante, com características masculinas ou femininas.

É verdade, também, que o espírito humano possui nas energias sexuais um dos mecanismos de seu próprio progresso espiritual, mesmo porque são aquisições seculares, e constantemente renovadas pelas novas encarnações.

Espíritos em fase evolutiva, compatível com o planeta Terra, possuem normalmente as forças sexuais inclinadas ou para a polarização masculina ou para a polarização feminina. Quem visualiza a respeitável figura de Bezerra de Menezes sempre o vê como uma figura masculina, inclusive, com barba etc. Da mesma forma, nas visões que podemos ter dos espíritos da falange de Maria eles são tipicamente femininos.

Em nível mais periférico e pessoal, diria que não há como confundir a figura do meu pai desencarnado com, por exemplo, minha tia. Observamos, portanto, que os espíritos masculinos bem como os femininos expressam em suas energias a tendência sexual que lhes é natural e de conformidade com suas inclinações psíquicas.

As peculiaridades psicossexuais de um espírito determinam dessa forma, a sua expressão física ou sua organização biológica, no que tange ao aspecto de seu corpo astral. Portanto, o corpo espiritual é reflexo de sua mente.

Conforme já estudamos, ao reencarnar, o espírito ligando-se ao óvulo transmite suas vibrações tipificando, automaticamente, sua polaridade sexual. Em razão dessa polaridade sexual transmitida pelo corpo espiritual ao óvulo, essa irá atrair o espermatozoide X (feminino) ou Y (masculino) que determinará o sexo biológico da futura encarnação.

Conclui-se, por esse motivo, que o sexo biológico será sempre o adequado às características e necessidades psicossexuais do espírito.

A homossexualidade é uma dificuldade de adaptação do espírito à sua condição biológica. Nesse grupo estamos incluindo todos os indivíduos em desequilíbrio sexual com o seu organismo que procuram exercer a fisiologia sexual com parceiros do mesmo sexo, em prática incompatível com a natureza que elaborou dois sexos opostos e complementares.

Trata-se de um desajuste, algo a ser corrigido, compreendido, amparado com respeito e tratado. Não perseguido ou discriminado, mas também, não encoberto sob a falsa interpretação de "uma livre opção sexual". Não existe um 3º, 4º ou outro sexo. Existem, em nosso planeta, apenas dois e de polaridades opostas e complementares.

A não discriminação do homossexual e o respeito que se deve ter para com esses irmãos são indiscutíveis. Qualquer reivindicação das pessoas que se apresentam como homossexuais, exigindo respeito, desde que efetuada dentro da ética é sempre justa. No entanto, trata-se de uma dificuldade sexual dos mesmos. Dificuldade de se adaptarem ao organismo biológico no qual estão reencarnados. Dificuldades ou desajustes emocionais (ou físicos) constituem-se sempre em algo a ser melhor analisado.

Quando se menciona o termo "desajuste" há, imediatamente, uma reação de determinados grupos, pois logo associam a menção à discriminação. Voltamos a insistir, o homossexual não está sendo, pela Doutrina Espírita, excluído, pelo contrário, compreendido e amparado. O que constitui desajuste é, pois, sua inadaptação psíquica a uma realidade biológica programada para a existência atual.

A origem do comportamento homossexual deve-se a um conflito entre estruturas do consciente, ou organização biológica, e às regiões do inconsciente ou estruturas espirituais, em desarmonia energética.

Conforme sabemos, qualquer postura mental gera núcleos de vibração nas estruturas do inconsciente. Posturas mentais, reforçadas por atitudes, intensificam esses campos de vibração. Dessa forma, compreende-se que atitudes de exacerbação sexual com desvios de conduta, especialmente quando prejudicam outros indivíduos, gravam-se indelevelmente nos campos energéticos dos espíritos.

Ao reencarnar, tais desvios energéticos, ou exacerbações da polaridade sexual, determinam conflitos psicossexuais sérios, especialmente, se os espíritos necessitarem renascer em sexo oposto ao da Reencarnação anterior.

Os conflitos entre o consciente (físico), e o inconsciente (espírito) podem ter, também, origem em vivências da existência atual.

Assim como é verdade que distúrbios das vidas anteriores podem ser determinantes de desarmonias energéticas na esfera psicossexual, o inconsciente também registra inúmeros fatos da existência presente.

Podemos dividir, didaticamente, o inconsciente em duas faixas principais: inconsciente presente e inconsciente pretérito.

No inconsciente presente, ou atual, estão arquivadas as experiências dessa encarnação que, por serem recentes, possuem grande influência na configuração psicológica de todos nós. O inconsciente pretérito constitui uma faixa muito mais ampla, porém, em certos casos pode ter uma expressão menos preponderante do que as vivências mais recentes. Cada caso é estritamente pessoal, portanto, diferente de um indivíduo para outro.

Desde o início da gestação, passando pela infância e adolescência, o espírito vivencia as mais diferentes situações na área da sexualidade. Assim, como muitos problemas têm origem na vida atual, frequentemente, situações pregressas são relembradas ou reforçadas nessa vida por erros de educação, pais violentos, abandono, agressão do meio ambiente etc., que, conforme as particularidades de cada psiquismo, geram a repulsa ou a identificação com o sexo oposto.

A homossexualidade, ou inadaptação ao sexo biológico é, portanto, decorrente de um conflito entre zonas do inconsciente (atual e ou pretérito) com as estruturas da zona consciencial.

Em determinada ocasião, quando fomos convidados a proferir uma palestra a respeito do tema a um grupo de adolescentes, um jovem solicitou-me uma explicação, sob o ponto de vista energético, do porquê da homossexualidade não ser uma opção normal. Surgiu-me, então, uma ideia que na ocasião pareceu adequada:

— Se você olhar aquela tomada na parede observará que há dois orifícios; sabe por quê?

— Todo mundo sabe, um é para o fio positivo e outro para o negativo.

— Por que não podem ser dois fios positivos ou negativos?

— Porque a corrente para se processar precisa de polos opostos.

— O que aconteceria se eu colocasse só fios de polaridade igual?

— Ou o Sr. vai levar um choque bruto (disse ele rindo), ou a lâmpada não vai acender.

— Pois é isso mesmo que acontece com relação à sexualidade. É preciso entender que, também, há comunhão de energias entre os parceiros. Estabelece-se um circuito fluídico-vibratório intenso entre os envolvidos.

Um homem e uma mulher permutam cargas magnéticas de polarização complementar que os realimenta psiquicamente. Um casal, normalmente adaptado à sua fisiologia, ao se amar e manter relações sexuais intercambia intensamente ondas de energia que ao se completarem absorvem outras, por sintonia, dos planos energéticos superiores.

O próprio êxtase sexual é uma abertura magnética para absorção dessas energias que os ampara em termos de vibração psíquica.

Como nas ligações homossexuais a polaridade energética não é complementar, há dificuldades em ocorrer o processo descrito. É comum, nos homossexuais, insatisfação íntima ou sensação de vazio interior por ausência de complementaridade energética nas relações, o que pode determinar consequências mais ou menos graves.

Não pretendemos generalizar, radicalizar nem esgotar tema tão complexo e doloroso. Em termos de terapêutica, recomendaríamos que um acompanhamento minucioso, psicológico e espiritual fosse feito aos irmãos com essa dificuldade.

Tomemos por exemplo um homossexual do sexo masculino. Ao invés de buscar relações sexuais em que desempenharia o papel inverso ao de sua fisiologia, deverá drenar essas forças para atividades compatíveis com essa energia feminina.

Um erro comum, cometido por muitos pais, é matricular o garoto em aulas de boxe ou outro esporte para "machos". Tal atitude agrava as dificuldades do jovem que precisa de uma canalização sadia dos instintos opostos à sua morfologia.

Devem ser-lhes oferecidas atividades que se afinizem com seu psiquismo. Não abafar ou reprimir, mas direcionar sob supervisão, para a arte, para a música, ou até para a ciência, conforme o caso.

Genética e reencarnação

A FALTA DE CONHECIMENTO CORRETO DAS LEIS que regem a Reencarnação, bem como a deficiente instrução a respeito, levam, muitas vezes, a visões parciais e distorcidas dos fatos. Visões incompatíveis com a ciência.

É extremamente comum ouvirmos colocações incorretas no que diz respeito à hereditariedade explicada à luz da Reencarnação. Frequentemente percebemos explicações parciais sob cada um dos aspectos e desvinculadas de um raciocínio holístico.

Se alguém aceita e entende o mecanismo palingenésico, o mecanismo hereditário deve estar intimamente relacionado à Reencarnação, e não entendido como um conhecimento paralelo. Em questões como: "Isto é só um problema de origem genética, ou de origem cármica?" A resposta sempre deverá ser: Ambas. Toda a genética que está em nível bioquímico está sujeita às leis em nível energético. O Universo, na dimensão mais sutil, direciona o Universo na dimensão mais densa.

Vejamos de forma sucinta algumas noções de genes.

Os gens, ou genes são as unidades responsáveis pela herança. Cada um deles representaria um fator hereditário. Existem sempre dois genes, no mínimo, para cada característica em um indivíduo. Recebe-se um pelo lado materno, via óvulo, e outro pelo lado paterno, via espermatozoide. Ao se unirem, os genes constituem par necessário para a formação da característica de que são responsáveis na formação do novo ser. À medida que o ovo se multiplica em outras células, formando o embrião, os genes são multiplicados em cópias para todas as células. Por essa razão, todas as células do novo organismo possuirão os 46 cromossomos com todos os genes presentes.

Os genes se situam no núcleo de todas as células, em uma estrutura ou organela altamente especializada que são os cromossomos. A estrutura dos cromossomos pode ser, de maneira simples e didática, imaginada como uma espiral longa onde estão situados os genes. Cada cromossomo é formado por dois braços que podem ser comparados aos braços de uma antena de televisão, presa a um ponto estreitado.

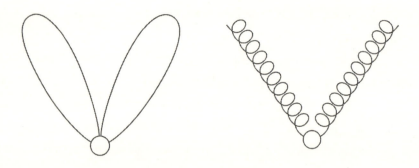

Ao observarmos os braços do cromossomo, vemos algo que nos lembra um fio telefônico enrodilhado sobre si mesmo em hélice.

Estudos realizados pelo Instituto Rockefeler concluíram ser a substância básica do cromossomo o ácido desoxirribonucleico, ou DNA. Esse ácido é formado por subunidades cuja ordem e repetição determinam a individualidade dos genes.

Cada uma das moléculas de DNA possui a forma helicoidal de forma análoga ao cromossomo que compõe.

A disposição das subunidades (bases nitrogenadas) e a estrutura helicoidal do DNA vêm sendo consideradas definitivamente responsáveis pela herança. Todos os seres vivos, excetuando alguns vírus que utilizam o RNA (ácido ribonucleico), perpetuam-se graças às moléculas de DNA.

Portanto, quando estivermos falando em genes, estaremos automaticamente nos referindo ao DNA.

Nos 46 cromossomos existentes em cada célula humana encontraremos trilhões de genes, com infinitas possibilidades de combinações e exteriorizações físicas (fenótipo).

Cada cromossomo dos 23 pares possui seus genes em uma posição exata e corresponde ao outro gene (seu alelo), na posição idêntica no cromossomo que forma o seu par.

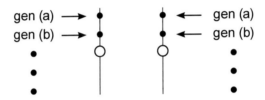

As moléculas de DNA são as chamadas moléculas mestras e comandam as atividades celulares em todos os seres vivos. Sabemos também que existe a necessidade de excitações de alguns campos celulares de um órgão, por um hormônio, por exemplo, estando o mesmo sujeito ao controle do sistema nervoso central, que para funcionar depende da alimentação do aparelho circulatório e outros inter-relacionamentos. Aparentemente, todo o equilíbrio orgânico (homeostase) é dependente de "entre-choques" bioquímicos, o que equivaleria dizer ao "acaso".

No organismo físico, as zonas dependem umas das outras, mas se acham em última análise subordinadas a um comando energético. Todas as manifestações químicas celulares traduzem uma ordem precisa e homogênea. O gene (DNA) pode ser considerado a região por intermédio da qual a "energia vital" atinge a matéria, influenciando no mecanismo da herança e no comando celular.

Creem alguns autores, e nós os acompanhamos, que deve existir na intimidade dos cromossomos, além de seu aspecto e constituição molecular, um substrato energético que possa explicar a ação dos genes nos mais complexos fenômenos biológicos. Seria uma "FORÇA VITAL ORGANIZADORA" que tem a finalidade de conservar e direcionar a função dos genes depois da fecundação e por toda a vida do ser.

Acreditamos serem os genes elementos energéticos diferenciados, em que se estabelece a ponte natural de intercâmbio com as energias espirituais. A natureza helicoidal e a própria fixação dos genes nos cromossomos estariam intimamente relacionadas com suas características energéticas peculiares.

As informações e orientações vindas das camadas profundas e desconhecidas da "Energética Espiritual" passariam, inicialmente, pelas camadas do perispírito (corpo espiritual). Das camadas perispirituais, penetrariam na energia vital do núcleo das células, atingindo os genes nos cromossomos. Na sequência, as informações espirituais seriam enviadas a todos os setores das células e, em se tratando de células nervosas, por essas a todo o organismo.

Com esse raciocínio e conceito de uma "Energética Espiritual" imortal e sempre atuante, que vem colhendo os dados de todas as experiências das múltiplas encarnações, desde as reações químicas nas células até os efeitos psicológicos mais profundos, poderemos entender melhor a biologia, a herança e a evolução.

Apesar de sabermos da existência da "Energética Espiritual" pelo convívio frequente e prática mediúnica, cumpre-nos referir as pesquisas nessa área. Citaremos, rapidamente, apenas aquelas alusivas à questão da hereditariedade, que é o assunto enfocado nesse momento.

Pesquisadores, trabalhando na esfera da hereditariedade, resolveram observar o que sucederia com a retirada do núcleo das células. Lembramos que essa retirada determinou a subtração dos cromossomos. Portanto, com a subtração das respectivas moléculas de DNA, o que se obtève, nessas células sem núcleo, logo sem DNA foi a surpreendente preservação da hereditariedade. Tal fato ocorreu graças às moléculas de RNA (ácido ribonucleico) existentes fora do núcleo (citoplasma). Concluiu-se, então, que algo ou alguma força teria determinado que a ausência dos DNA fosse compensada por uma molécula substituta (RNA) que exerceu a função do DNA.

Essa experiência fala a favor de um comando energético, e de um "substrato energético", dirigindo a fenomenologia celular e hereditária. Como não foi encontrada a substância esperada ou ideal (DNA), o *comando energético* lançou mão de elementos aproximados, isto é, do RNA, a fim de manter o impulso da vida.

O biologista e filósofo Hans Driech[25], em trabalhos experimentais com embriões de ouriço do mar, obteve importantes conclusões a respeito da existência de um "princípio organizador". Driech observou que ao separar os dois primeiros blastômeros (grupo de células embrionárias) havia desenvolvimento normal e completo de duas larvas, embora do tamanho igual à metade do que seria a larva normal.

Isso significa que células já em desenvolvimento, para formarem estruturas programadas geneticamente, tiveram sua planificação modificada por algum elemento ainda não conhecido pela ciência convencional. A diferenciação celular sofreu de um "MODELO ORGANIZADOR BIOLÓGICO" a ordem de comando para a nova programação.

Prosseguindo em suas experiências, Driech sempre fazendo separação de células de etapas mais adiantadas do seu desenvolvimento embriológico, obteve larvas igualmente completas, cujos tamanhos correspondiam respectivamente a um quarto e um oitavo das de tamanho normal.

Driech chegou à conclusão de que as larvas se tornavam normais pela presença de um "princípio organizador", pois as trocas bioquímicas

---

[25] Hans Driech – biólogo e filósofo alemão.

e as reações metabólicas, por si só, nunca poderiam explicar fenômenos essenciais dessa natureza.

A reunião das células em tecidos e órgãos, na formação de um organismo, não seria tão somente um mecanismo perfeito de peças bem encaixadas, mas sim consequência de um princípio não material, um "fator vital" que subordina as células ao conjunto.

Como poderiam as células manter, sem um princípio coordenador, o equilíbrio dinâmico com inúmeras reações enzimáticas em um movimento iônico perfeito e complexo? Como entender as mudanças coloidais na célula, de SOL à GEL e vice-versa, as mudanças de pH e toda a fantástica precisão do micro universo celular? Tudo traduz essa orientação "energética central".

Existe em genética uma conceituação da maior ou menor capacidade de um gene manifestar o seu fenótipo (característica). Assim, um determinado gene proporciona o aparecimento de um defeito físico correspondente podendo, no entanto, esse fenótipo ser mais ou menos intenso. Chama-se a isso "poder de penetrância" de um gene, ou "expressividade de um gene", essa maior ou menor intensidade da característica que o mesmo determina.

Em outras palavras, há embriões que possuem o gene para uma determinada anomalia, mas ele se expressa de forma discreta, enquanto o mesmo gene em outros embriões determina uma intensa manifestação fenotípica. O fato de um genótipo (conjunto de genes) determinar uma maior ou menor expressividade de um fenótipo deve-se à influência das emanações vibratórias da Energética Espiritual.

O substrato energético do genótipo é magneticamente estimulado tanto no sentido da acentuação, quanto no sentido da atenuação do seu potencial. Os núcleos energéticos espirituais irradiam constantemente, de forma ativa sobre o núcleo das células, mais exatamente sobre o nucléolo. No núcleo celular, sede dos cromossomos com os seus genes, as mensagens do patrimônio energético do espírito são captadas pelo DNA. De lá partem chegando até o centríolo, no citoplasma das células, e daí a todos os setores celulares. Lembremos que o citoplasma em relação ao núcleo é eletricamente positivo, o que facilita esse direcionamento.

Em resumo, as aquisições efetuadas pelo espírito em todas as suas passagens pelo mundo físico, em sucessivas Reencarnações geram arquivos que se constituem em programação de novas vidas, em estruturas orgânicas, que serão a resultante geral do merecimento do espírito. Os vórtices energéticos espirituais controlam a programação da matéria por intermédio dos genes, que se farão representar em todas as células do novo corpo pelas moléculas de DNA.

Dessa forma, portanto, o mecanismo palingenésico se utiliza do mecanismo hereditário. A genética que está em nível bioquímico está sujeita às leis em nível energético. O Universo na dimensão mais sutil direciona o Universo na dimensão mais densa!

Gravidez sem reencarnação

ENTRE OS NATIMORTOS *alguns haverá que não tenham sido destinados à encarnação de Espírito?*
Alguns há, efetivamente, a cujos corpos nunca nenhum espírito esteve destinado. Nada tinha que se efetuar para eles. Tais crianças então só vem por seus pais. (Kardec, 1992, questão 356).

Sabemos da imensa força mental que potencialmente nós, seres humanos, possuímos. Não somente somos capazes de movimentar objetos, e a Parapsicologia já o reconhece, nos fenômenos de psicocinesia ou telecinesia, como também influenciamos seres vivos.

As informações anteriormente tidas como crendices ou folclóricas hoje são seriamente estudadas e pesquisadas nas mais conceituadas universidades. As tradicionais "benzeduras" que fazem cair verrugas de muitos anos de existência ou os chamados "mal-olhados" que secam a violeta da vizinha já são admitidas como realidades possíveis e comprováveis. Excetuam-se naturalmente os exageros e prestidigitações que também são comuns nessa área.

A força mental contínua e monodirecionada tem efeitos acentuados. O desejo de engravidar, em muitas circunstâncias, torna-se uma verdadeira auto-obsessão. Há mães, ou candidatas a mãe, que pela ideia fixa em gestar criam o molde mental que fornece a forma energética para as células se desenvolverem *intraútero*.

Em condições normais, o modelo organizador biológico é o psicossoma (perispírito) da entidade reencarnante, cujas condições energéticas são exatamente apropriadas para se unir ao fluido vital do óvulo e se prender molécula a molécula do ovo, que se desenvolverá obedecendo o comando inconsciente das forças espirituais.

Quando a pretensa gestante traz desarmonias vibratórias no seu Chakra, oriundas do seu passado, a estrutura que seria especializada no processo reencarnatório está em período de reajuste energético, o que equivale a dizer, em período de provação. Por esse motivo, não há atração e aderência de fluidos perispirituais ao Chakra Genésico.

Quando ocorre a união do óvulo ao espermatozoide, o molde mental materno permite o desenvolvimento embrionário alimentando energeticamente o falso embrião que se forma. Embora, sob o ponto de vista biológico, o desenvolvimento seja normal, observando-se pelo prisma espiritual o mesmo não sucede.

Essa gestação não pode ser viável pela ausência do espírito reencarnante. Tal qual uma cultura de células mantida em laboratório, carece de uma individualidade psíquica e, em mais ou menos tempo, caminha para o aborto espontâneo.

A gestação frustrada serve de expiação, ou seja, oportuniza que energias desarmônicas do Chakra Genésico da mulher sejam drenadas, visando à liberação de campos vibratórios indesejáveis ao equilíbrio do corpo energético. Apesar de não haver Reencarnação, a experiência de gravidez frustrada passa a ser registrada nos núcleos energéticos da estrutura materna, servindo de aprendizado e contribuindo para o despertar da consciência.

Aborto espontâneo propriamente dito

ATÉ A ESTA ALTURA, VÍNHAMOS ESTUDANDO o processo reencarnatório nos moldes da normalidade e da viabilidade. No entanto, muitas das Reencarnações esperadas não se concretizam, apesar de toda a planificação executada tanto em nível espiritual quanto pelos pais, que anseiam pela oportunidade de receber um filho em seu lar.

Muitos casais desejam intensamente a paternidade e a maternidade, embora, sob o ponto de vista espiritual, visando o seu amadurecimento psíquico, a impossibilidade de ter filhos possa ser fundamental para o despertar de suas consciências.

Em alguns casos, ambos, antes de renascer, propuseram-se a passar pela prova da infertilidade que se lhes faz necessária. Em outros casos, não optaram pela prova por não alcançarem a profundidade da experiência, porém essa limitação foi-lhes determinada por seus orientadores ao perceberem a necessidade de tal aprendizado.

Existem sempre entidades espirituais que no passado adquiriram débitos com a Lei Universal na área do renascimento. Hoje anseiam por um filho que não conseguem ter. São indivíduos, por exemplo, que nas vidas pretéritas criaram expressivas dificuldades para a Reencarnação de outros, semeando um carma que agora colhem.

Por meio de muitas atitudes podem ter adquirido débitos nessa área, seja atuando na vida física anterior como encarnados, seja influenciando negativamente já como desencarnados.

Como encarnados, podem ter atuado diretamente na interrupção da gestação de outrem, ou mesmo indiretamente, por forte influência psicológica.

Quando desencarnados, podem no passado, pela sintonia magnética, ter intuído, criminosamente, a casais já predispostos a tomar uma decisão: interromper a gravidez.

São alguns exemplos de situações que, longe de esgotar todas as causas, apenas servem para compreensão aproximada do problema.

Agora, de volta ao palco da vida, encenando outra vez novos personagens com outra roupagem física, mas os mesmos artistas, passam pela dificuldade necessária ao seu amadurecimento espiritual. Viver a experiência de uma Reencarnação frustrada.

Não resta dúvida que o espírito que aportaria nesse embrião, como filho desse casal nessa encarnação, é alguém cúmplice do processo que envolvia todos os personagens ou alguém afinizado e comprometido com posturas do gênero.

As desarmonias energéticas geradas nos três – pai, mãe e filho – entram em sintonia magnética facilitada pela similitude de débitos cármicos. Não existe ninguém inocente no processo, mas uma identificação comum com a mesma problemática do passado. Passarão todos a sentir com profundidade o valor da vida e da oportunidade da Reencarnação.

Reunidos pela similaridade de frequência de onda, os núcleos energéticos espirituais que se achavam desarmonizados, agora, pela experiência nova, drenam, eliminando para a periferia física, as vibrações distônicas que serão substituídas por novas vibrações energéticas construídas pela mente de todos os envolvidos no aprendizado da escola da vida.

Não se trata, em hipótese alguma, de mecanismo punitivo, mas de uma consequência lógica pela Lei de Ação e Reação, ou Lei de Sintonia, que determina agora a colheita automática e obrigatória, motivada por uma semeadura livre no passado.

23

Abortos aparentemente espontâneos provocados mentalmente pela mãe

JÁ COMENTAMOS O IMENSO POTENCIAL ENERGÉTICO que nós, seres humanos, possuímos. O potencial psicocinético, que é capaz de mover objetos próximos ou a distância, pela força de nosso pensamento, atua também sobre as energias sutis que unem as moléculas do embrião à textura energética do psiquismo fetal.

Chevalier e Hardy[26], dois eminentes pesquisadores franceses utilizaram um aparelho chamado gotejador psicocinético que comprovou em laboratório a ação mental sobre as moléculas de água. Trata-se de um aparelho em que uma fonte goteja sobre uma lâmina, dividindo a gota de tal forma que os dois compartimentos abaixo se enchem de água em tempos rigorosamente iguais. Portanto, um aparelho de precisão física.

Verificou-se que sensitivos ou "sujets", para se utilizar a linguagem dos eminentes pesquisadores, ao se concentrarem mentalmente desviavam a gota fazendo com que o compartimento à direita ou à

---

[26] Chevalier e Hardy – pesquisadores dos fenômenos paranormais *psikapa* em especial de psicocinesia ou telecinesia.

esquerda, conforme solicitado, crescessem mais em volume de água. Experiência essa muito estudada também pelo psicobiofísico brasileiro Prof. Henrique Rodrigues.

As ações mentais da gestante têm profunda repercussão sobre as ligações energéticas do espírito reencarnante com o seu embrião. Há mães que odeiam o fato de estarem grávidas. Seja pelas circunstâncias dolorosas que motivaram a gravidez, seja pela dificuldade de relacionamento com o esposo ou ainda pela situação de penúria socioeconômica, e, antevendo agravamento da situação, considerando o estado em que se encontram, seja qual for o motivo, desde os mais complexos até a mais simples vaidade, o fato é que a situação existe com relativa frequência.

As experiências de *regressão de memória* efetuadas nas Terapias de Vivências Passadas, ou por outros motivos, têm nos dado valiosos subsídios no estudo da influência mental da gestante sobre o feto.

Citaremos, à guisa de ilustração, um fato real trazido por ilustre conferencista e escritor já citado em nosso trabalho. Omitiremos dados pessoais e substituiremos algumas das características pessoais por outras fictícias para evitar constrangimentos.

Cecília era uma eficiente enfermeira de um Hospital Geral, em Belo Horizonte. Formada há sete anos, Cecília fizera pós-graduação na área de obstetrícia. Pessoa de muitos predicados profissionais, aliava seus conhecimentos a uma dedicação pessoal exemplar ao seu trabalho. Tinha um porte vistoso que não passava desapercebido ao corpo clínico do hospital.

De olhos azuis muito expressivos, tez rosada, cabelos longos e lisos, embora os mantivesse frequentemente presos e ocultos sob o pequeno chapelete que usava, lembrando as tradicionais enfermeiras do século passado. Não era alta, porém conseguia parecer-se como tal pela forma como se vestia e pelo pequeno salto que usava nos impecáveis mocassins brancos.

Mantinha-se incólume às discretas ou ousadas investidas de seus companheiros de trabalho quando os mesmos se mostravam inclinados a uma maior aproximação física. Sempre considerara o sexo e as relações sexuais como uma consequência do amor e não o inverso, uma postura que já estava se tornando contumaz na sociedade moderna.

Naquele ano, chegara a Belo Horizonte um novo reforço ao corpo clínico do hospital, Dr. Rogério Albatroz, que havia passado três anos no Canadá, em especialização. Voltava à boa terra mineira cheio de planos, objetivando desenvolver uma melhor assistência médica na área que se especializara, a neurologia.

Rogério, ao ver Cecília pela primeira vez experimentou um impacto emocional considerável. Parecia tê-la visto antes em algum lugar, mas por mais que se esforçasse não lograva localizar em seus arquivos de memória algo que pudesse compreender.

Cecília não pôde também deixar de notar o jovem médico. Solteiro, com seu ar entre compenetrado e sorridente ao lidar com os doentes, irradiava simpatia. A enfermeira sempre achava os neurologistas um pouco secos e emocionalmente frios.

Dr. Rogério não se encaixava no modelo que ela estandartizara daquela especialidade médica. Não o achava propriamente bonito, mas de uma elegância de atitudes que faziam pulsar rápido os seus vasos sanguíneos. Após algum tempo foi se tornando claro para ambos que se procuravam, e nasceu (ou renasceu) o afeto entre eles.

Apesar de Cecília ter sido muito cortejada quando mais nova, sua experiência nessa área era quase nula. Rogério, embora não desejasse se unir definitivamente a alguém, apaixonou-se como um adolescente. Ambos, com aproximadamente trinta anos, não admitiam o casamento como plano de vida e optaram por se relacionar de forma íntima sem os "inconvenientes de compromissos legais".

Encontravam-se frequentemente. A princípio de forma semivelada, mas progressivamente passaram a assumir uma postura de união estável. Parecia que a rotina se estabelecia no que convencionavam chamar de "compromisso sem amarras".

Quando menos esperavam, eis que lhes bate à porta uma visita inesperada. Alguém que, sem se fazer anunciar de forma perceptível à consciência de ambos, chegava para consolidar aquela união. Para Cecília, acostumada em sua profissão a lidar com gestantes, não foi difícil perceber o seu estado. Não descuidara dos métodos anticoncepcionais, caprichosa como era, e se surpreendia agora com a constatação: estava grávida.

Neste momento, vamos estabelecer um corte temporário na sua história, e ver, quatorze anos mais tarde, ambos preocupados com Gustavo, filho do casal.

Apesar de ter tido uma infância aparentemente tranquila, com uma educação esmerada, subitamente, como por encanto, o menino torna-se agressivo com os pais. Se considerava rejeitado.

Conflito de adolescência, diziam ambos. Na realidade, aquela faixa etária era desencadeadora de problemas que jaziam subjacentes e aguardaram a época propícia para eclodir.

Após alguns meses de cansativos diálogos com o menino, que resultaram infrutíferos, os pais resolveram procurar auxílio profissional. Rogério, como neurologista, não se afinizava com as técnicas psiquiátricas convencionais e não se sentia à vontade com os psicólogos que conhecia.

Cecília vinha recentemente lendo diversas obras a respeito de TVP (Terapia de Vidas Passadas) e simpatizava muito com a "Teoria da Reencarnação". Após muito conversarem a respeito, decidiram procurar ajuda de um conhecido pesquisador da área, que convencionaremos chamar de Prof. Fernandes, um estudioso reconhecido pela então União Soviética como o único parapsicólogo brasileiro a contribuir para o avanço das pesquisas paranormais. Para ele, a Reencarnação era um fato absolutamente comprovado pela regressão de memória e outros métodos de pesquisa.

Rogério tinha verdadeira aversão a "sacerdotes travestidos de parapsicólogos" com aquele sotaque típico de padre. Devido a isso, tomou, preventivamente, inúmeras e detalhadas informações a respeito do Prof. Fernandes. Constatou, folheando e lendo alguns de seus livros, o elevado nível com que o psicobiofísico abordava os temas paranormais. Sobretudo, não era padre.

Marcaram a primeira entrevista. Gustavo, motivado por uma jovem prima, que a pedido da família lhe servia de ponto de aproximação para aceitação do tratamento, estava disposto a colaborar. Após as apresentações e contatos individuais com cada membro da família, o Prof. Fernandes deu início às sessões de regressão de memória.

A Parapsicologia e a Psicobiofísica são duas disciplinas científicas que investigam os fenômenos ditos paranormais. A premonição e a retrocognição consistem na possibilidade de vivermos (vivenciarmos) emocionalmente fatos do passado às vezes arquivados nas empoeiradas estantes dos porões de nosso inconsciente. Pelas pesquisas de retrocognição muitas informações têm sido colhidas de pessoas que, ou em transe hipnótico profundo, ou mesmo conscientes, trazem à superfície do cérebro traumas psíquicos que justificam reações, atitudes ou fobias no presente.

Gustavo começava suas regressões de memória relatando períodos na pré-adolescência que eram minuciosamente anotados após a gravação de sua fala.

Pouco, ou quase nada de expressivo se obteve nas primeiras sessões. À medida que se aprofundavam as investigações dos arquivos do inconsciente buscavam-se as idades menores do rapaz.

Prof. Fernandes, reencarnacionista convicto, esperava que as regressões mais profundas no tempo, colhendo dados de encarnações passadas, viessem a fornecer valiosos subsídios à questão.

Muitas vezes o chamado inconsciente pretérito, faixa do nosso espírito que registra as impressões de vidas anteriores, traz as luzes definitivas à solução do problema. Dessa vez, no entanto, o problema não se situava em nível tão antigo.

Ao chegar à fase intrauterina, no segundo mês de gestação, induzido magneticamente pelo Professor, o jovem punha-se em agitação e choro constante.

— Minha mãe e meu pai não gostam de mim! Dizia assumindo um "*facies*" misto de sofrimento e indignação.

— Por que você diz isso, Gustavo?

Perguntava o Prof. Fernandes, com voz calma e suave, embora com certa energia.

— Eles estão tristes porque eu estou aqui (*intraútero*). Não me querem.

— Gustavo, fique tranquilo que nós vamos te ajudar. Seu pai e sua mãe gostam de você.

— Não! Eles não gostam, eles não gostam! Chorava copiosamente. Fernandes resolveu chamá-lo à consciência novamente, pois o rapaz estava completamente transtornado. Já se fazia quase duas horas de trabalho naquela sessão. Aplicou-lhe sobre a região cardíaca passes magnéticos, enquanto mentalmente absorvia do reservatório cósmico as energias revitalizantes que veiculavam pelas suas mãos em direção ao jovem.

Gustavo se acalmara. "Estamos próximos da raiz do problema", pensava Fernandes, e com razão, pois nas sessões seguintes peças importantes foram se adicionando, e o quebra-cabeças tomando forma mais definida, compreensível.

Induzido ao relaxamento físico e psíquico, sob orientação, mentalizando paisagens da natureza, Gustavo se colocava receptivo à magnetização que o Professor lhe administrava, visando ao afrouxar dos liames que retinham as informações do inconsciente que ele buscava. As malhas da rede energética se alargavam e deixavam escapar os núcleos de memória para a superfície...

— Meu pai e minha mãe me odeiam!

Suas mãos crispavam-se, seu rosto retorcia-se em uma mescla de diversos sentimentos, que se exteriorizavam em sua fisionomia.

— Por que, Gustavo?

— Eles querem me matar!

Dizia soluçando e repetia incontáveis vezes.

— Eles quem, Gustavo?

— Meu pai e minha mãe dizem que vão me matar!

O Prof. Fernandes chama o rapaz à consciência, novamente lhe aplica a energização adequada e, após acalmá-lo definitivamente, despede-se. No dia seguinte chamaria os pais para uma longa conversa.

Rogério e Cecília compareceram incontinenti ao local de trabalho do Prof. Fernandes. Já avisados de novos progressos na elucidação do caso, foram tomados de surpresa pelas expressões fortes de Gustavo, ouvidas no gravador.

Após escutarem atentamente, entreolharam-se por alguns momentos. Cecília tomou a iniciativa dirigindo-se ao marido:

— Rogério, como poderíamos esperar que um embrião de dois meses fosse sentir as nossas inseguranças?

— E você sabe que o Sistema Nervoso Central não tem mielinização desenvolvida nessa idade. O cérebro nessa fase, histologicamente, não tem a estrutura adequada para esse tipo de captação. Isto é inacreditável!

— Como sucede isso, Prof. Fernandes?

— Não é o tecido nervoso que registra essas informações, mas é o nosso corpo extrafísico. Além de nossa organização biológica de estrutura molecular, e onde as funções se processam em nível bioquímico, há uma estrutura extrafísica de natureza energética e que sobrevive à morte biológica. Essa estrutura é que capta essas informações.

— O Sr. está se referindo à alma ou algo de natureza religiosa?

— Não consideramos assim. A ciência vem gradativamente, pelos progressos psicobiofísicos, abrindo caminho cada vez mais para o estudo do corpo extrafísico. Estamos convencidos de que a mente é extrafísica e sobrevive após a morte biológica.

— Reencarna também, inquiriu Cecília.

— Sim, embora possa para muitos parecer estranho. Em muitas experiências de retrocognição, retroage-se a séculos atrás e documenta-se as vidas anteriores.

— Há provas disso? Cecília considera ser possível. Quanto a mim, embora esteja aberto a novas concepções, custa-me acreditar, salientou Rogério.

— Os registros em cartórios combinam em dezenas de casos aos relatos de pessoas que minuciosamente descreveram sua encarnação anterior, considerou Prof. Fernandes.

Mas, voltemos ao caso de Gustavo. Falem-me do que ocorreu. Até certo ponto, quando vou lhes pedir para interromper, a fim de não interferir na próxima regressão.

Cecília, entre emocionada e constrangida, começou a narrativa, falando de como a notícia da gravidez os havia tomado de surpresa. Rogério também participava, complementando sua exposição. Narraram que, durante horas seguidas, ambos permutavam ideias e propostas no sentido de se livrarem do embrião.

Embora um certo sentimento de vaidade, durante a gestação, os acometesse pelo fato de constatarem a possibilidade de serem pais, os inconvenientes da gravidez pareciam ser maiores.

O desconhecimento da visão reencarnacionista e o fato de considerarem o ser em formação como apenas um complexo biológico parecia-lhes legitimar a decisão. Passara a ser o assunto mais frequente de suas horas comuns. Durante algumas semanas, o feto foi magnetizado com as energias provindas daquele diálogo.

Em função de serem muito conhecidos do meio médico, apesar da união de ambos já ser considerada aceita pela comunidade hospitalar, não desejavam transparecer a questão da gravidez que ocultavam.

Se não pretendiam fosse pública a gestação, muito menos o aborto provocado que arquitetavam.

Após estudarem inúmeras possibilidades e alternativas, optaram por viajar à cidade próxima, que omitiremos por razões óbvias. Lá, um colega de Rogério os atenderia e faria a curetagem. Partiram sexta-feira à noite, deixando Belo Horizonte para trás. Viajaram tarde da noite, em virtude
dos compromissos que tinham no hospital.

A essa altura da narrativa, o Prof. Fernandes os interrompe e pede para continuarem após dois dias.

— Amanhã voltarei a retroagir Gustavo, não quero me sugestionar com os novos fatos que os impediram de concretizar o aborto.

Despedem-se falando de outros assuntos. De volta para casa teriam muito o que conversar, embora inicialmente um silêncio se estabelecesse entre ambos...

Fernandes voltara ao trabalho com Gustavo, que permanecia muito colaborador. Sob sugestão magnética, colocado aos três meses de gestação surpreendeu o professor.

— Ah! Ah! Ah!... gargalhava ruidosamente.

— De que ri, Gustavo?

— Eles não podem mais!

— Eles quem?

— Meu pai e minha mãe. Ah! Ah! Ah!...

— Não podem mais o quê?

— Não podem mais me matar!

Ria-se histericamente, um riso não de alegria, mas um riso sádico e irônico. Apesar de tentar o diálogo, o garoto permanecia repetitivamente rindo de forma agressiva, e o pesquisador houve por bem trazê-lo à consciência. Acalmou-o de forma como habitualmente procedia. Aplicou-lhe, mentalmente, suave porém firme energia sobre o Chakra Cardíaco, visando aos sentimentos, o Chakra Gástrico atuando sobre as emoções e por fim energizou o Chakra Coronário visando ao equilíbrio dos pensamentos do garoto.

Após o procedimento, travou longa conversa com o adolescente, tendo inclusive convidado-o para o aniversário de sua filha – procedimento inabitual entre terapeuta e paciente (os laços poderiam ser estreitados, pois o caso estava se resolvendo). Antes, teria outra conversa com os pais.

Rogério passou a noite anterior lendo a respeito de regressão de memória e se entusiasmou com os relatos do Dr. Morris Netherton, da Califórnia. Lera, de um só golpe, *Vidas Passadas, em Terapia*[27].

De volta ao reduto de Fernandes, retomamos nossa real história:

Já ia adiantada a jornada quando surgiu o acidente. Rogério freara bruscamente ao ver um animal na pista, logo após uma curva à esquerda. O carro deslizou no asfalto molhado e esbarrou em um barranco próximo. Socorridos rapidamente, foram transportados por um solícito caminhoneiro que transportava verduras em direção à capital. No hospital, Rogério, como se encontrava inconsciente e obnubilado mentalmente, permaneceu na UTI em observação por 48 horas, sendo depois transferido para um apartamento.

— Onde está a minha... esposa?

— Não se preocupe, Dr. Rogério, vi nos documentos que o Sr. é médico. Ela está bem, embora com gesso.

— Fratura?

— Fêmur, mas não se preocupe. A ortopedia já a atendeu e está tudo sob controle.

— Algo mais?

— Há suspeitas de edema cerebral em função dos vômitos que ela está tendo. Creio que deverá fazer alguns exames.

— Descreva-me melhor esses vômitos.

---

[27] NETHERTON, Morris; SHIFFRIN, Nancy. *Vidas Passadas, em Terapia*. ARAI – JU, 1984, p. 203.

— Vou me informar e volto logo.

Rogério olhava atentamente ao seu redor, com expressão crítica e preocupada.

Apesar do aspecto limpo e ordeiro, o minúsculo hospital pouco poderia oferecer em termos de alguma investigação mais detalhada de diagnóstico. Já imaginava Cecília grávida sendo tratada com o diagnóstico de edema cerebral, devido aos episódios de vômitos que apresentava.

Enquanto pensava, a técnica de enfermagem trazia o médico de plantão.

Rogério fitou-o nos olhos e lhe atribuiu menos de vinte e cinco anos de idade. Médico residente de hospital na capital, que em fim de semana cobria os titulares no interior, pensou consigo mesmo.

— Como está o "Dr. Atropelado"?

— Bem. Preciso lhe falar a respeito de Cecília.

— Sua... Assistente?

Rogério sentiu uma onda de rubor facial tomá-lo de súbito, e colocou-se na ofensiva.

— Não! Minha esposa e está grávida.

Rogério percebeu que o jovem médico não pretendia ser descortês, e logo tudo se encaminhava a contento. Não havia mais como retroceder. A gravidez havia se tornado pública e até no prontuário hospitalar uma recomendação: "não radiografar: gestação".

A viagem aconteceu no sentido contrário. Voltaram a Belo Horizonte e no mês seguinte se uniram oficialmente.

Gustavo, então, foi tratado segundo as técnicas que eliminavam a ressonância com o passado. Atualmente cursa a última fase do curso de Psicologia e pretende fazer especialização em Psicologia Transpessoal. O seu relacionamento com os pais é harmonioso e construtivo.

No fato relatado não houve aborto, porém a intenção de fazê-lo produziu significativas influências sobre o psiquismo do ser em vias de renascer.

Sabemos, pelos contatos mediúnicos, que em inúmeros casos, as ligações energéticas entre o espírito e as moléculas do embrião podem ser rompidas até pelo desejo persistente da mãe em eliminá-lo. Ondas mentais de frequência baixa e elevado comprimento ondulatório, decorrentes da postura monoideística materna, exercem influência letal à interação do espírito às ligações moleculares.

Nesse sentido, nós já contactamos com diversos espíritos que, psicograficamente, ou mesmo por via psicofônica, fizeram dolorosos relatos da situação que vivenciaram.

Abortos aparentemente espontâneos provocados pelo espírito

ALÉM DOS ABORTOS ESPONTÂNEOS, motivados por débitos cármicos do casal, associados às dívidas e desarmonias do espírito reencarnante, outros fatores podem ser causa de aborto não provocado por interferência material.

Uma das causas que deve ser mencionada é a relacionada à própria entidade reencarnante. Como nós, seres viventes do Planeta Terra, temos muitas vezes o temor à morte, os espíritos, em muitas circunstâncias, temem abandonar uma situação que se lhes figura estável para mergulhar novamente na matéria, aprisionando ou anestesiando suas conquistas do passado. Em outras palavras, medo de nascer.

Espíritos que necessitam renascer com severas limitações físicas, frutos de alterações expressivas em sua constituição perispiritual, atemorizam-se ante uma perspectiva que custam a aceitar. Apesar de todo o trabalho dos mentores espirituais esclarecendo que a exteriorização deformante, em nível de corpo físico, facilita a eliminação das anomalias em nível perispiritual, desde que acompanhada de uma postura mental saudável, os receios e as reações muitas vezes ocorrem.

Outros, embora nada tenham a temer com relação a deformidades físicas, travam intensa luta íntima, um conflito entre a razão que os faz renascer naquele lar e o sentimento de antipatia em relação a alguns dos membros do mesmo.

Como sabemos, a ligação familiar frequentemente é o palco dos reajustes do passado. Vínculos pretéritos de desafeto que necessitam perdoar encontram na "anestesia" do pretérito a condição predisponente para a "cirurgia" psíquica que eliminará o "abscesso" do ódio.

Embora ocorram reencarnações compulsórias, necessárias para aqueles cujo primitivismo psíquico não permite sua participação na escolha das provas ou expiações na nova romagem física, normalmente o livre arbítrio é preservado.

Todos nós, seres humanos, temos a possibilidade de escolher, acertar, errar, avançar ou recuar no progresso. A liberdade que já conquistamos nas milhares de encarnações nos faculta o ensejo de decidir. Decidir, porém, arcando com o peso das consequências.

Há espíritos que se posicionam mentalmente de uma forma reiterada em recusa psíquica a reencarnar. Acentuam essa posição à medida que se sentem retidos na malha fluídico-energética materna. Nos casos em que a dificuldade anterior de relacionamento era justamente com a mãe, a interpenetração energética entre ambos pode ser exatamente a predisposição contrária ao renascimento. Acordam velhas emoções que dormiam embaladas pela canção do esquecimento.

Laços fluídicos que prendiam as emanações energéticas do perispírito do reencarnante ao perispírito materno, ou até em estágio mais avançado, já bem fixas ao Chakra Genésico da gestante, podem romper-se. Há casos em que a gestação já se fazia em curso, e o perispírito do reencarnante já se encontrava em processo de miniaturização. Portanto, o fluido vital do embrião, bem ligado ao corpo espiritual, havendo súbita e intensa revolta do espírito, pode determinar a ruptura definitiva das ligações, deixando o futuro feto sem o espírito. Inviabiliza-se a gestação por falta do modelo organizador biológico.

Ocorre o processo de aborto tido como espontâneo, porém, na realidade provocado pela recusa sistemática, energética e imatura do espírito. Perde o mesmo, assim, uma grande oportunidade para superar a si próprio, e avançar celeremente rumo à felicidade.

Doenças congênitas e aborto

EXISTEM MICROORGANISMOS que, ao serem adquiridos pela gestante, têm ação letal sobre as células embrionárias, determinando o aborto espontâneo.

Alguns outros micróbios, no entanto, não chegam a determinar a letalidade, mas ocasionam malformações congênitas de extrema gravidade.

A grande polêmica que se estabelece em alguns círculos é relativa à indicação ética ou moral dos abortos que visariam impedir a viabilização do nascimento de um ser com expressivas malformações congênitas.

Nós não nos referiremos neste trabalho à postura legal, pois já passamos por diversas Constituições e sem dúvida teremos outras no futuro. A abordagem se dará sob o ponto de vista filosófico, estribado nos conhecimentos da doutrina palingenésica.

Do ponto de vista da ética médica, também encontraremos em cada país uma flexibilidade de conduta que vai desde a mais rígida até a mais permissiva.

Há que se considerar, nesse mister, a influenciação religiosa que em diferentes regiões e grupos étnicos se manifesta em diversos posicionamentos.

Sob o prisma reencarnacionista, ampliado pelos conhecimentos que o intercâmbio mediúnico nos faculta, teremos uma ótica mais ampla.

A grande questão é compreender, perante a Lei Universal, o motivo pelo qual um pai e uma mãe receberão em seu ninho doméstico um ser deficiente físico.

Tomemos por exemplo o caso da rubéola congênita, cujo raciocínio aproximado poderemos estender a outras patologias. A rubéola, que fora da gravidez chega até a passar despercebida, pela pouca monta dos sintomas que ocasiona, durante o primeiro trimestre da gestação é um verdadeiro terror para os pais.

Crianças que nascem sem visão, defeitos de natureza cardíaca e limitações neurológicas podem advir dessa virose, que poderia ser evitada com uma simples vacina feita após os doze meses de idade ou até a época pré-nupcial.

Sucede, no entanto, que a grande maioria das gestantes que contrai rubéola, mesmo no primeiro trimestre gestacional, não apresenta filhos com os defeitos citados; um percentual menor é que será acometido. A que se deve esse fato? Sempre raciocinando, unindo os conceitos da ciência espírita aos da ciência médica, sabemos da individualidade de cada organismo, bem como de cada espírito. Cada ser proveio de um ovo diferente de qualquer outro na face do Planeta. O manancial genético é específico e determinará a maior ou a menor resistência ou fragilidade do embrião à virulência do vírus.

Se é verdade que o dano físico decorre da programação de sensibilidade, conferida pela estrutura do DNA, também é verdade que a predisposição do espírito reencarnante está intimamente ligada a esse processo. Já estudamos que a entidade reencarnante se fixa à energia vital do óvulo e atrairá, entre os milhões de espermatozoides, aquele que sintonizará com o seu merecimento.

O espírito, que já viveu aqui na terra inúmeras vezes, traz gravado energicamente, em núcleos de potenciação, os registros de suas aquisições anteriores e seus destinos.

Ao se unir ao óvulo, o espírito espelhará no mesmo o padrão energético de seu nível evolutivo. Com a frequência de onda resultante, o óvulo atrairá os genes contidos no espermatozoide, os quais terão as predisposições orgânicas consequentes.

Em resumo: o merecimento do espírito é que determinará sua imunidade.

Com relação aos pais, os amigos espirituais nos esclarecem que só terão filhos acometidos de malformação congênita aqueles que antes de renascer foram preparados para essa circunstância.

Muitos pais, pela maior visão do processo evolutivo, solicitaram essa oportunidade para auxiliar alguém que necessitava passar pela prova de deficiência, como consequência dos atos do passado. Outros, não tão esclarecidos, foram informados ou alertados, pelos seus Benfeitores e Amigos do plano extrafísico, do fato que iria suceder, em virtude dos débitos comuns em que se envolveram com aquele que agora retorna ao seu convívio, na condição de filho.

Mesmo em nível inconsciente, todos são trabalhados pela Espiritualidade, principalmente durante o sono físico.

A expulsão da entidade reencarnante só determinará a agravação dos débitos perante a Lei Universal. Quando há necessidade, por razões cármicas, da família viver a difícil situação de um filho deficiente físico e/ou mental, só uma atitude poderá facilitar a assistência espiritual mais ampla: a aceitação do fato.

Os chamados abortos profiláticos ou preventivos, na situação enfocada aqui, desde que a gestação seja biologicamente viável, agrava profundamente a já difícil situação do trio familiar. Abordaremos, oportunamente, as consequências futuras geradas pelos abortos provocados.

Considerando que a tensão emocional é bastante influente sobre o psiquismo do espírito que está em vias de renascer, lembramos de

Gestação, sublime intercâmbio

inúmeras gestantes, hoje nossas clientes, que mesmo contraído rubéola congênita no início da gravidez, trazem hoje seus filhos alegres e, absolutamente, saudáveis ao nosso consultório pediátrico ou homeopático.

Tenhamos fé e amor.

26

Estupro e aborto

EM DIVERSAS OPORTUNIDADES, quando fizemos palestras a respeito da Reencarnação e do aborto, fomos questionados posteriormente sobre a dolorosa e delicada circunstância do estupro, principalmente por terem sido essas perguntas dirigidas por escrito. Esse aspecto sempre era levantado: Estupro e Aborto.

Embora o tema seja potencialmente desagradável, não há como ignorá-lo no contexto de nossa situação planetária.

A grande discussão que se coloca é a legitimidade ou não do aborto, quando a gravidez é consequente a um ato de violência física.

Mais uma vez nos posicionamos em relação ao aspecto legal da questão nos abstendo de maiores comentários, pois leis e constituições os povos já as tiveram inúmeras e tantas outras terão.

Nossa abordagem será pelo ângulo transcendental e reencarnacionista, e considerando que são três (3) espíritos, no mínimo, envolvidos na tragédia em questão.

Também, quanto ao aspecto da ética médica, à qual estamos submetidos por força da profissão que nesta encarnação exercemos, lembramos ser essa ética diferente em cada país do Planeta. Em uma escala de zero a 10, teremos todas as notas, conforme a nação e o continente que nos detivermos em nossa aldeia global.

Inicialmente, também, cumpre-nos esclarecer que o livre arbítrio é o maior patrimônio que nós, espíritos humanos, temos alcançado ao adentrarmos nessa faixa evolutiva pensante. Livre arbítrio que não legitima atitudes, mas oportuniza às criaturas decidir e se responsabilizar pelas consequências de seus atos (posteriores).

Outra premissa que devemos estabelecer é aquela da maior ou menor repercussão dos atos perante a Lei Universal, em função do nível de esclarecimento que possuímos.

Importante também salientar que não há atos perversos que tenham sido planejados pela Espiritualidade Superior. Seria de uma miopia intelectual sem limites a ideia de que alguém deve reencarnar a fim de ser estuprado. A concepção do Deus punitivo e vingativo já não cabe mais no dicionário dos religiosos esclarecidos a respeito da vida espiritual. Deus é uma fonte inesgotável de amor. É a Lei Maior que a tudo preside, Lei Coordenadora das leis naturais.

Como conceber a violência física? Como enquadrar a onipresença divina em todas as situações e sofrimentos com que vivemos? Deus estaria ausente nessas circunstâncias? Ou estaria presente? Para muitos indivíduos, se estivesse presente, já seria motivo para não crer na sua existência ou na sua infinita bondade e onisciência.

Quem é a "vítima"?

Cada um de nós ao reencarnar trouxe o seu passado impresso indelevelmente em si próprio. Já nos referimos aos núcleos energéticos que trazemos em nosso inconsciente pretérito. Espíritos que somos, e pelas inúmeras viagens que percorremos, representadas pelas múltiplas vidas, possuímos no nosso "passaporte" inúmeros carimbos das pousadas onde estagiamos no passado. Hoje a somatória dessas experiências se traduz em manancial energético que irradia constantemente do nosso interior para a superfície.

Assim é também a "vítima". A jovem que hoje se apresenta de forma diferente traz em seu passado profundas marcas de atitudes prejudiciais a irmãos seus. Atitudes de desequilíbrio que estão gravadas em si própria. Algumas delas participaram intelectualmente de verdadeiras emboscadas, visando atingir de maneira dolorosa a intimidade sexual de criaturas.

Outras foram executoras diretas, pela autoridade de que eram investidas, de crimes nessa área. Enfim, são múltiplas as situações de desarmonia energética que pulsam, constantemente, nos arquivos vibratórias de nossa personagem em questão.

Pela Lei Universal da sintonia de vibrações, embora aparentemente a vestidura da moça não traduza os arquivos do passado, poderá, em dado momento, ser atraída por uma circunstância similar àquela que perpetrou em outras eras.

É claro que o trabalho constante da família em termos de educação e amor, e o esforço pessoal da criatura, somado ao incansável labor dos Protetores Espirituais, poderá afastar a situação a que se sujeita.

Não existe fatalidade. Existe apenas a tendência ou a predisposição, a qual sempre estará dependendo da maior ou menor facilitação dos envolvidos no processo.

Lembramos também que os familiares a sofrerem em diferentes graus as repercussões do crime em foco são agora novos personagens do teatro da vida, contudo, encenaram juntos uma mesma peça no passado.

O agressor, que muitas vezes surpreende pela escolha menos estética da vítima, na realidade, em seu desequilíbrio patológico, entrou em sintonia com a vítima de hoje devido a existir nela algo que tem ressonância com sua enfermidade psíquica.

A Lei da Gravidade existe. Não é boa nem má. Simplesmente existe. Se jogarmos uma pedra para o alto e ficarmos aguardando seu impacto sob a linha da queda, fatalmente seremos atingidos. Não se trata de punição divina, a Lei da Gravidade é uma Lei Universal que cumpre automaticamente sua função. O mesmo ocorre com a Lei de Ação Reação e a Lei de Sintonia Energética.

Gestação, sublime intercâmbio

Se já tivermos jogado a pedra para o alto, só nos resta abrir o guarda-chuva da caridade e da postura ética para reduzirmos o impacto da energia que movimentamos no passado.

No entanto, no assunto ora ventilado, a violência ocorreu e a gestação se apresentou como surpresa desagradável. Como orientar a vítima?

Identificados os dois protagonistas, o ser que mergulha na carne, nessa dolorosa circunstância, é alguém que vibra na mesma faixa de desequilíbrio, um espírito que pelo ódio se imantava magneticamente à aura da jovem de hoje, pedindo-lhe contas pelos sofrimentos que no passado ela lhe causara, alguém que se vê preso às malhas energéticas do organismo biológico que se forma.

O processo obsessivo que vinha desenvolvendo já o fixara perifericamente à trama perispiritual materna e agora definitivamente adere ao vaso físico.

Apesar do momento cruel, a Lei Maior aproveita para retirar o perseguidor e adormecê-lo. Acordará talvez embalado pelos braços de sua antiga algoz, que aprenderá a perdoar e até a amar em função do esquecimento do pretérito.

Lembramos novamente, o estupro não foi em hipótese alguma programado, nem ele em circunstâncias quaisquer se justificaria. No entanto, o crime existindo, a Espiritualidade sempre fará o máximo para do mal ser possível resultar o bem.

Mas, muitas vezes a gestante, pressionada pelos vínculos familiares, opta por interromper a gravidez indesejada.

Muitos de nós que falamos a respeito do aborto, ou até aqueles que preconizam esse ato, jamais tiveram o ensejo de assistir a execução do mesmo. Em muitos países, em que a legislação permite até o 5º ou 6º mês de desenvolvimento fetal, ou ainda mais além nos casos de estupro, observa-se um quadro tétrico.

Fragmentos de braços e pernas, mãos delicadas e dedinhos ensanguentados são jogados nos baldes frios da indiferença humana. Fetos, às vezes, retirados inteiros por cesariana, são colocados sobre bandejas e que, pela imaturidade pulmonar, respiram irregularmente até morrer.

Somos contrários à teatralidade e a esses recursos chocantes que se exibem em filmes e slides para ferir a sensibilidade das pessoas. A falta de argumento e conhecimento espiritual do processo que se desencadeia é que faz lançar mão desses métodos agressivos de exposição. A visão espiritual da situação pode dispensar esses recursos de que se servem correntes religiosas por desconhecerem a pré-existência da alma.

O espírito submetido à violência do aborto sofre intensamente no processo, conforme o seu grau de maturidade espiritual.

Perante a Lei Divina sabemos que o espírito reencarnado não deve receber a agressão arbitrária em face da violência cometida por outro. Violência que gera violência, um ciclo triste que necessita ser rompido com um ato de amor a um entezinho que, muitas vezes, aspira por uma oportunidade de evolução.

O aborto provocado gera, frequentemente, profundos traumas em todos os envolvidos que exacerbam a dolorosa situação cármica da constelação familiar.

Ninguém é mãe ou filho de outrem por casualidade, há sempre um mecanismo sábio da Lei que visa corrigir ou atenuar sofrimentos.

Há, também, espíritos afins e benfeitores que, visando amparar a futura mãe, optam pela reencarnação na situação surgida.

A vítima do estupro poderá ter ao seu lado toda a luz de alguém que poderá vir a ser seu arrimo e o seu consolo na velhice.

Irmãos cheios de ternura em seu coração, com projetos de dedicação e amparo, aproveitam o momento criado pelo crime para dar diretamente na vida material todo o seu trabalho para aquela que amam. Renascem como seu filho.

A eliminação da gravidez, por meio do aborto provocado nesses casos, irá anular esse laborioso auxílio que o espírito protetor lamentará ter perdido.

Pelo exposto, a interrupção da gestação, mesmo decorrente da violência, é sempre uma atitude arbitrária e que só ampliará o sofrimento dos familiares. Se a jovem for emocionalmente incapaz de atender aos requisitos da maternidade, a adoção, preferencialmente, por pessoas de vínculos próximos, deverá ser o remédio indicado.

Se não houver possibilidades, psiquicamente aceitáveis, de recepção por parte dos familiares, encaminhe-se os trâmites da adoção para quem receberá aquela criatura com o amor necessário ao seu processo redentor e educativo.

O tempo se encarregará de cicatrizar os ferimentos dessa alma.

Aborto indicado

A INTERRUPÇÃO DELIBERADA DA GRAVIDEZ nem sempre constitui contraposição às leis naturais. Há situações peculiares em que não existe outra alternativa, por parte dos pais e mesmo como orientação médica.

O binômio materno-fetal, além de intercambiar energias de natureza extrafísica, mantém uma estreita troca biológica. Os filtros placentários estabelecem o controle regularizador das substâncias que chegam ao organismo fetal, promovendo uma barreira de proteção ao ser que se forma.

Apesar de toda a fisiologia uterina criar as condições ideais para a proteção e o isolamento embrionário, surgem, às vezes, desajustes orgânicos ou exteriorizações de condição espiritual e genética predisponentes que inviabilizam a gravidez.

Há gestantes que adoecem gravemente durante esse período ou sofrem grave descompensação cardíaca de uma insuficiência já anteriormente existente.

Surge então o momento crítico, em que a preservação da vida da mulher só poderá ocorrer pela supressão da gestação.

Referimo-nos não a prováveis e teóricos riscos que existem em diversos casos de gravidez, mas a uma iminente morte que se delineia com clareza na sequência dos fatos. Fica, então, estabelecida a situação em que a continuidade da gestação não poderá ser suportada pelo frágil organismo feminino enfermo, que alberga em seu interior outra fonte de sucção contínua de seus recursos vitais.

Faz-se necessário um minucioso estudo médico que caracterizará, de forma técnica, a inexorável afirmação de que a mãe não sobreviverá àquela gestação.

Pelo ângulo espiritual, podemos tomar conhecimento de diversas possibilidades relativamente a causas que geraram a situação mencionada.

A primeira delas refere-se a provas que a mãe, ou os pais, necessitam vivenciar para o seu amadurecimento espiritual. Nessa circunstância, o espírito que está renascendo também participa da mesma necessidade provacional. A fragilidade orgânica atual corresponde à exteriorização das desarmonias energéticas decorrentes dos atos pretéritos.

Em outros casos, a gravidez se desenvolve segundo os moldes mentais maternos que substituem o comando perispiritual de uma entidade reencarnante. A ausência do modelo organizador biológico (espírito/perispírito) também pode inviabilizar a gestação. Nada iria se cumprir nela.

A esse respeito, vejamos o que na obra basilar de Kardec, *O Livro dos Espíritos*, (Kardec, 1992, questão 359), os espíritos respondem ao emérito Codificador.

Pergunta nº 359:

Dado o caso que o nascimento da criança pusesse em perigo a vida da mãe dela, haverá crime em sacrificar-se a primeira para salvar a segunda?

Preferível é se sacrifique o ser que ainda não existe a sacrificar-se o que já existe.

Como podemos observar, não há radicalismos de forma absoluta, no que se refere à não-aceitação do aborto pelos Espíritos Superiores.

Salvaguardemos, no entanto, a ideia central do real e iminente risco de vida a que se acha exposta a gestante. Não vamos extrapolar essa proposta para situações menores, barateando o valor dessa comunicação, ampliando o leque das indicações de aborto a pretexto de supostos riscos que potencialmente existam.

Consequências do aborto
provocado para a gestante

AS COMPLICAÇÕES CLÍNICAS ADVINDAS DOS ABORTOS provocados na esfera ginecológica são inúmeras e podem inclusive determinar o êxito letal da mulher.

No campo psicológico, são comuns os processos depressivos subsequentes que acometem as que se submeteram à eliminação da gestação indesejada. A sensação de vazio interior, mesclada ao sentimento de culpa consciente ou inconsciente, frequentemente acabam determinando acentuada baixa de vibração na psicosfera feminina.

Paralelamente, a ação do magnetismo mental do espírito expulso passará gradativamente a exacerbar a situação depressiva materna.

Como já estudamos, em muitos casos aquele que reencarnaria como seu rebento estava sendo encaminhado para um processo de reconciliação afetiva. O véu do esquecimento do passado é que possibilitaria a reaproximação de ambos sob o mesmo teto.

Após o aborto provocado, à medida que o espírito recobra a consciência, passa a emitir vibrações que, pelo desagrado profundo, agirão de forma nociva na psicosfera materna. Em que se pese o esforço protetor exercido pelos mentores amigos, em muitas circunstâncias se estabelece o vínculo simbiótico, mergulhando a mãe nos tristes es-

137

caninhos da psicopatologia.

Por outro lado, a mãe, ao desencarnar, de volta ao plano espiritual apresentará em diversos níveis, conforme o seu grau de responsabilidade, distonias energéticas que se farão representar por massas fluídicas escuras que comporão a estrutura de seu psicossoma (corpo espiritual).

Apesar de serem atendidas com os recursos e técnicas terapêuticas existentes no mundo astral, a chaga energética em muitos casos se mantém, em função da gravidade e agravantes existentes.

As lesões na textura íntima do psicossoma a que nos referimos, muitas vezes só podem ser eliminadas mediante uma próxima encarnação, de características expiatórias.

Expiação, longe de ter uma conotação punitiva, pois esse critério não existe na planificação superior, é um método de eliminação das desarmonias mais profundas para a periferia do novo corpo físico. A expiação sempre tem função regeneradora e construtiva e visa restaurar o equilíbrio energético perdido por posturas desequilibradas do pretérito.

As deficiências que surgirão no corpo físico feminino pelo mecanismo expiatório visam então, em última análise, suprimir o mal, drená-lo para a periferia física. Segundo os textos evangélicos, teríamos a assertiva: *A cada um de acordo com as próprias obras.*

Os desajustes ocorrem inicialmente nas energias psicossomáticas do Chakra Genésico, implantando-se nos tecidos da própria alma as sementes que germinarão no seu novo corpo físico em encarnação vindoura, como colheita de semeadura anterior.

André Luiz, na obra *Evolução em Dois Mundos* (Xavier, 1986) segunda parte, cap. XIV, utiliza a designação "Miopraxia do Centro Genésico Atonizado" para determinar graves patologias na gestação ou toxemias gravídicas.

O Chakra Genésico desarmonizado pelos abortos anteriores passa a enviar estímulos energéticos defeituosos à estrutura ginecológica da mulher. O óvulo fecundado no terço distal da trompa de falópio deveria descer e encaminhar-se para o ninho uterino onde, fixando-se, desenvolveria a gestação normal.

No entanto, a arritmia do Chakra Genésico determina que o comando energético não controle a fisiologia dos anexos uterinos de forma harmônica.

A trompa, que deveria impulsionar o ovo (óvulo fecundado) em direção ao útero, não consegue atuar corretamente, e esse permanece em nível tubário (trompa), ali se fixando. As células ciliadas, que com seu movimento rítmico de vai e vem varreriam o óvulo fecundado no rumo uterino. Ao invés do movimento simétrico à semelhança de um trigal ao vento, agem descompassadas e irregularmente, não logrando o seu intento.

As células que produzem o muco de lubrificação e as células intercalares não dispõem da força e coordenação necessária na mucosa da trompa para que a condução endossalpingeana (intratrompa) do óvulo ou mesmo sua alimentação se processe adequadamente, pelo deficiente funcionamento hormonal ovariano. Ocorre então, pelo exposto, a gravidez tubária, também denominada prenhez ectópica, ou ainda localização heterotópica do ovo.

A gravidez tubária torna-se inviável e gera o aborto espontâneo. A Lei inexorável da Ação e Reação se expressando é o que se percebe nesse fenômeno. A colheita obrigatória de hoje motivada pela semeadura livre e irresponsável do passado. Abortos provocados ontem determinando aborto espontâneo hoje.

Mais uma vez vale recordar que o espírito ou entidade reencarnante, presa ao ovo fora do endométrio ortotópico, ou seja, fora da ligação normal, é sem dúvida aquele que se afiniza à faixa de culpa e em função disso, inconscientemente, é fixado magneticamente.

Muitas outras situações similares ocorrem por consequência dessa alteração do Chakra Genésico. Mesmo quando é possível a nidação uterina e normal do ovo, ou seja, no endométrio ortotópico, surgem as situações de placentação baixa ou placenta prévia, ocasionando graves complicações à gestante.

Ainda enquadrados nas consequências da arritmia do centro genésico, ocorrem os fenômenos de descolamento prematuro da placenta eutópica pela hiperatividade histolítica da vilosidade corial. O descolamento prematuro da placenta, ou DPP, também leva à situação de intensa dificuldade o binômio materno-fetal, com sofrimento expressivo para ambos.

Segundo o médico desencarnado que ditou a Chico Xavier a obra *Evolução em Dois Mundos*, também a hipocinesia (diminuição da movimentação fisiológica) das células uterinas, favorecendo o campo para proliferação bacteriana ao estreptococo e gonococo, pode ser decorrente dessa desarmonia do Chakra Genésico.

Enfim, são inúmeras as repercussões provenientes desse desequilíbrio. Para um estudo mais aprofundado recomendamos, sem dúvida, a referida obra.

Nas situações em que o desequilíbrio emocional e afetivo do aborto provocado no passado marcaram o organismo perispiritual da mãe, teremos o Chakra Cardíaco desequilibrado. As forças provindas do Chakra citado influenciam na atividade elétrica do coração e justamente na época da gestação, pelo estímulo de ressonância com o passado, levam ao distúrbio e ao sofrimento cardiovascular, com o aumento do volume de plasma na corrente sanguínea, relacionadas a situações desarmônicas de um passado comum ou afim.

Em determinados casos, a mulher, em vidas anteriores, mante-ve-se sintonizada com os deveres da maternidade até a terceira gestação, quando partiu para o aborto criminoso. O registro dos fatos far-se-á nos núcleos energéticos do espírito na sequência cronológica, bem como o desequilíbrio que atinge o Chakra Genésico e o Esplênico do corpo espiritual.

Voltando à vida física, muitas vezes em locais onde há deficiente acesso à assistência médica e hospitalar, reencarnando com Rh negativo e consorciando-se com um companheiro Rh positivo, no terceiro filho justamente, poderá colher o retorno da situação a que seus atos anteriores propiciaram. A incompatibilidade de Rh poderá determinar o aborto espontâneo, ou outras consequências, conforme o grau de desarmonia registrado nos vórtices energéticos da mãe e do espírito.

Em outros casos, pela hiperexcitação do campo nervoso, as mulheres que praticaram diversos abortos passam a apresentar modificações expressivas na personalidade, registrando no Chakra Coronário (cerebral) as distonias energéticas e abrindo caminho para a obsessão consequente.

Todos os exemplos citados são sempre flexíveis, de acordo com a individualidade do caso. Problemas podem ser abrandados, consideravelmente, em função dos atos construtivos e amorosos desempenhados no cotidiano.

Só o amor reconstrói...

Consequências do aborto provocado – responsabilidade paterna

SE É VERDADE QUE A MULHER SE CONSTITUI NO NINHO onde se aconchegam os ovos que acalentados pelo amor abrir-se-ão em novos filhotes da vida humana, não há como se esquecer da função paterna.

A pretensa igualdade apregoada por feministas, que mais se mostram como extremistas, não consegue enxergar pela embaciada lente do orgulho que a mulher é maravilhosamente especial para se igualar a nós, homens.

Já nos referimos às complexas consequências para o lado materno no caso da interrupção premeditada da gestação. Faz-se necessário não somente por uma questão de esclarecimento, mas até por justiça, estudarmos os efeitos sobre o elemento paterno, que seguidamente é o mentor intelectual do crime.

Desertando do compromisso assumido, ou pressionando pela força física ou mental, o homem, a quem frequentemente a mulher se subordina para manter a sobrevivência, obriga a sua companheira a abortar.

Não estamos eximindo quem quer que seja da responsabilidade, pois cada qual responde perante a lei da natureza, proporcionalmente, à sua participação nos atos da vida. A mãe terá sua quota de responsabilidade, ou de valorização, devidamente codificada nos computadores do seu próprio espírito.

O homem frequentemente obterá, na existência próxima, a colheita espinhosa da semeadura irresponsável. Seu Chakra Coronário ou Cerebral, manipulador da indução ao ato delituoso se desarmonizará, gerando ondas de baixa frequência e elevado comprimento ondulatório.

Circuitos energéticos anômalos se formarão nesse nível, atraindo por sintonia magnética ondas de similar amplitude e frequência, abrindo caminho à obsessão espiritual.

As emanações vibratórias doentias do seu passado, que jaziam adormecidas, pulsarão estimuladas pela postura equivocada atual e abrirão um canal anímico de acesso aos obsessores.

O Chakra Genésico que também recebe o influxo patológico de suas atitudes, torna-se distônico e na próxima encarnação programa automaticamente, pelos computadores perispirituais, a fragilidade no aparelho reprodutor. Objetivamente, veremos moléstias testiculares e distúrbios hormonais como reflexos de seu pretérito.

Lembramos sempre que não se pode generalizar raciocínios, nem padronizar efeitos, pois cada espírito tem um limiar de responsabilidade, e a cada momento atos de amor e de crescimento interior diluem o carma construído no passado.

30

Aborto provocado – consequências para o abortado

A ESPECIFICIDADE DE CADA CASO DETERMINA SITUAÇÕES absolutamente individuais no que se refere a repercussões sofridas pelo espírito eliminado de seu corpo em vias de estruturação.

Se existe na ciência do espírito uma regra fundamental que rege a Lei de Causa e Efeito, poderíamos enunciá-la assim: a reação da natureza sempre se fará proporcional à intencionalidade da ação. Isto é, jamais poderemos afirmar que um determinado ato levará inexoravelmente a uma exata consequência.

Quando a responsabilidade maior da decisão couber aos encarnados, pai e/ou mãe, eximindo o espírito de participação voluntária no aborto, teremos um tipo de situação a ser analisada.

O espírito, quando de nível evolutivo mais expressivo, tem reações mais moderadas e tolerantes. Muitas vezes seria ele alguém destinado a aproximar o casal, restabelecer a união ou mesmo, no futuro, servir de amparo social ou afetivo aos membros da família.

Lamentará a perda de oportunidade de auxílio para aqueles que ama. Não se deixará envolver pelo ódio ou ressentimento, mesmo que o ato do aborto o tenha feito sofrer física e psiquicamente. Em muitos casos manterá, mesmo desencarnado, tanto quanto possível, o seu trabalho de indução mental positiva sobre a mãe ou os cônjuges.

Nas situações em que o espírito se encontrava, em degraus mais baixos da escada evolutiva, as reações se farão de forma mais descontrolada e sobretudo mais agressiva. Espíritos destinados ao reencontro com aqueles a quem no passado foram ligados por liames desarmônicos, ao se sentirem rejeitados devolvem na idêntica moeda o amargo fel do ressentimento.

Ao invés de se sentirem recebidos com amor, sofrem o choque emocional da indiferença ou a dor da repulsa. Ainda infantis na cronologia do desenvolvimento espiritual, passam a revidar com a perseguição aos cônjuges ou a outros envolvidos na consecução do ato abortivo.

Em determinadas circunstâncias, permanecem ligados ao Chakra Genésico materno, induzindo consciente ou inconscientemente a profundos distúrbios ginecológicos naquela que fora destinada a ser sua mãe.

Outros, pela vampirização energética, tornam-se verdadeiros endoparasitas do organismo perispiritual, aderindo ao Chakra Esplênico, sugando o fluido vital materno.

As emanações maternas e paternas de remorso, de culpa, ou outras que determinam o estado psicológico depressivo, abrem caminho em nível do Chakra Coronário dos pais para a imantação magnética da obsessão de natureza intelectual.

A terapêutica espiritual, além da médica, reconduzirá todos os envolvidos ao equilíbrio, embora frequentemente venha a ser longa e trabalhosa.

Há também espíritos que, pela recusa sistematicamente determinada em reencarnar para fugir de determinadas situações, rompem os liames que os une ao embrião. Esses terão seus débitos cármicos agravados e muitas vezes encontrarão posteriores dificuldades em reencarnar, sendo atraídos a gestações inviáveis e a pais necessitados de vivenciar a valorização da vida.

No entanto, o grande remédio do tempo sempre proporcionará o amadurecimento e a revisão de posturas que serão, gradativamente, mais harmoniosas e sobretudo mais construtivas.

Todos terão oportunidade de amar.

31

Aborto provocado – responsabilidade profissional

A COMPLETA IGNORÂNCIA DA LEI DA GRAVIDADE e sua compreensão não isentam aquele que arremessa um peso para o alto, de receber o impacto do mesmo sobre sua cabeça. De uma forma ou de outra, as consequências ocorrem pela razão simples da existência de leis naturais.

Sem dúvida, são inúmeros os fatores atenuantes que reduzem a responsabilidade do profissional da área médica, praticante do aborto.

A intenção compassiva de quem sente uma situação de miserabilidade humana, quais a fome e outros fatores sociais que parecem sufocar aquela que se encontra gestando, podem ter sido determinantes para uma tomada de posição, ainda que equivocada, relativa à intervenção médica pela curetagem uterina.

Para muitos profissionais, só existe a vida biológica. Sentimento e intelectualidade seriam meros atributos do metabolismo neuronal do cérebro. O desconhecimento da existência do espírito, sua sobrevivência, comunicabilidade e reencarnação é ainda comum no meio médico. Por falta de informações, tais profissionais julgam ser a ciência do espírito apenas mais uma religião dogmática, repleta de mistérios e rituais.

Pelo desconhecimento das razões transcendentais que fazem alguém renascer nesse ou naquele meio, nessa ou naquela condição orgânica, parece lógico evitar que um sofredor ou deficiente seja impedido de existir. É na realidade uma visão parcial e distorcida dos fenômenos da vida. Sucede, então, que o desconhecimento da ciência do espírito leva muitas vezes a uma percepção meramente organicista.

Mensurar o débito perante às leis naturais, de um profissional nas condições acima comentadas, fica extremamente difícil.

Todos nós, médicos, somos assistidos espiritualmente e intuídos constantemente no exercício profissional. Cabe a cada um abrir ou fechar os canais anímicos para merecer receber os influxos energéticos salutares.

Caso estejamos incorrendo em frequentes equívocos éticos, sem dúvida nosso padrão vibratório é que não está permitindo o acesso às orientações espirituais. Portanto, assumimos cota de participação nos males produzidos.

O grande móvel da responsabilidade, no entanto, deve ser o fator intencionalidade. Frequentemente, também, são apenas fatores de interesse material que levam os profissionais a tomarem decisão mais fácil e rápida, porém destrutiva: abortar. Nesse caso, a situação se agrava consideravelmente, do ponto de vista extrafísico.

Evidentemente, são completamente excluídos de responsabilidade aqueles que, no cumprimento sagrado de seus labores hipocráticos, executam o aborto no intuito de preservar a vida da gestante. Nossa digressão filosófica se refere às situações não inseridas em indicações inevitáveis.

No tocante aos paramédicos não habilitados e até curiosos ou aborteiras profissionais clandestinas, o acompanhamento espiritual trevoso dos elementos citados faz inveja às descrições dantescas do inferno.

O assessoramento espiritual de médicos e curiosas que se dedicam integralmente à prática do aborto clandestino é de infundir pavor à sensibilidade de pessoas comuns. Formas ideoplásticas aracneiformes, estruturas energéticas viscosas e aderentes, elementos espirituais deformados e animalizados (licantropia e zoantropia) compõem o séquito horripilante que se fixa nesses ambientes.

Não seremos minuciosos nos comentários, poupando o leitor da fixação nos terríveis quadros de vampirização espiritual.

Mesmo nessa encarnação costumam já ocorrer fenômenos de desagregação psíquica nos envolvidos em comerciar o aborto. Alguns são mergulhados na aura escura e perniciosa dos "abutres espirituais" e adoecem fisicamente de dolorosas enfermidades. Outros desestabilizam seu ambiente afetivo pela interferência dos obsessores.

Nas encarnações seguintes, as consequências se farão tanto em nível do Chakra Coronário e Genésico, quanto também do Esplênico e do Cardíaco.

Os sofrimentos que os aborteiros profissionais poderão atrair, ligados à futura paternidade, poderão ocorrer em todos os níveis de situações, pela atração e sintonia automática com as vítimas do passado.

Urge pois que semeemos o esclarecimento dado pela ciência do espírito, visando à profilaxia do sofrimento de muitas criaturas, encarnadas e desencarnadas.

Sempre há tempo...

Adote uma criança

A VISÃO RELIGIOSA DISTORCIDA DAS LEIS UNIVERSAIS leva muitas criaturas a se autodestruírem psiquicamente. Um dos flagelos da humanidade, e herança judaico-cristã da civilização ocidental, é a culpa. Ainda hoje, há resíduos do espírito de autoflagelação pela culpa induzida pela maioria das religiões.

Cartazes acusando: aborto é crime, só seriam válidos se fossem lidos por quem ainda não tivesse cometido esse ato. Ingenuamente alguns os colocam com a finalidade preventiva exclusivamente.

Sucede, no entanto, que mulheres presas na malha do remorso e "curtindo" o sufocante sentimento de culpa, ao esbarrarem com dizeres acusatórios, agravam seus sofrimentos. São verdadeiros cutucões em feridas que custam a cicatrizar.

Religião ou movimentos filosóficos que infundem culpa devem ser arquivados nas emparanhadas e empoeiradas prisões dos calabouços medievais, junto a outros instrumentos de tortura. Não repitamos os erros do nosso passado.

Esclarecimento sóbrio e sereno, associado a consolo carinhoso, devem fazer parte do conteúdo de qualquer doutrina que desejar somar algum patrimônio aos espíritos sequiosos por entender a dinâmica da vida. Urge que apresentemos soluções e não cobrança.

Ao invés de apontar infernos e purgatórios, ou versões umbralinas de punição a quem nos procura psicologicamente lesionado, devemos ter a postura que nos ensinou Pedro, o Apóstolo. Em suas epístolas, mais precisamente na 1ª, no capítulo IV versículo 8, lemos: Mas sobretudo tendo ardente caridade *para com os outros; porque a caridade cobrirá uma multidão de pecados.*[28] E isto não exclui os abortos, acrescentaríamos nós.

Já há dois mil anos Pedro, o Apóstolo, nos ensinava que ao invés da opção da dor, resgate por provas e expiações, poderemos optar pelo amor. Construir muito mais do que destruirmos. Voltar pelos pântanos da vida, calçando as galochas da prudência, para semear ao nosso redor. Quando voltarmos a transitar pelo mesmo pântano encontraremos mil lírios em flor que resultaram de nossa semeadura.

A postura estática do remorso e da culpa que nos desarmoniza cada vez mais nos projeta para o abismo das companhias espirituais trevosas. Se apoiarmos ou estimularmos outros a se culparem e sofrerem pelo remorso, agiremos como obsessores inconscientes e teremos nossa quota de responsabilidade na Divina Contabilidade.

Resta-nos estimular a opção pelo amor. Disse-nos um espírito amigo de outras vidas na velha Europa, François Villon[29]: aqueles perdidos no corredor escuro do erro, não se lhes abra a porta da culpa para que eles não caiam no fosso da dor. Ilumine-os com a tocha do esclarecimento e consolo para que os mesmos enxerguem mais adiante a outra opção, a porta do trabalho e do amor, que os conduzirá às trilhas suaves da regeneração, bem distantes das medievais e tortuosas ruelas da culpa.

Errar é aprender. Ao invés de se fixar no remorso, absorver a experiência como uma aquisição para o discernimento futuro. Agir rapidamente na mesma área para crescer em créditos espirituais.

---

[28] *BÍBLIA*. Pedro. 1ª Epístola, cap. IV, versículo 8.
[29] François Villon – poeta francês da Idade Média.

Aquele que desarmonizou o Chakra Genésico, por atitudes equivocadas no passado, ao se vincular à tarefa do amor poderá reconduzir as energias à tônica vibratória equilibrada.

O trabalho com as gestantes carentes, com os berçários assistenciais, o labor junto ao menor abandonado e atividades congêneres são atitudes que se associam a energias ligadas à harmonização do Chakra Genésico.

Se a dedicação de apoio e esclarecimento na esfera dos que geram ou nascem se traduz em energias de elevada frequência vibratória ao Chakra enfermo, é ainda mais fulgurante, a Atitude que preenche de luz qualquer treva remanescente – a Adoção.

Seguidamente, está se abrindo a mesma porta que foi fechada pelo aborto. Por vezes, volta pelos inesperados caminhos da vida, ao mesmo lar, aquele que foi rejeitado. Alguém que muitas vezes vem trazer a nova sintonia com as luzes da Espiritualidade.

Se você, mesmo nesta vida não tendo débitos nessa área, sente-se intuída (o) a adotar, adote.

33

Gêmeos univitelinos

AO OBSERVARMOS UM PAR DE GÊMEOS UNIVITELINOS constatamos a incrível semelhança dos caracteres físicos, ou seja, de seu fenótipo. Sabemos que esse fenótipo semelhante decorre de ambos provirem de um "pool" de genes idênticos, ou seja, os dois provêm de um único genótipo.

Um gameta masculino e um feminino, jungidos durante o fenômeno da fecundação, formaram um único ovo que, ao se dividir em dois blastômeros no início da embriogênese, separou-se em duas células idênticas, cada qual contendo exatamente a mesma mensagem genotípica. Assim, genótipos iguais expressam fenótipos também iguais.

Conforme nossos estudos espirituais, somos informados de que a cisão do óvulo fecundado, originando duas células que se desenvolvem separadamente, sucede em função da presença de duas entidades reencarnantes ligadas ao óvulo.

O magnetismo exercido pela presença dos dois espíritos é que estimula a separação das células iniciais. Sem dúvida, há uma predisposição no terreno materno que facilita o processo.

Aliás, se assim não fosse, isto é, se a separação das células originando dois corpos é que desse origem à atração a dois espíritos, haveria uma inversão de valores – a não preponderância do mundo extrafísico ou energético sobre o mundo físico ou biológico.

Desenvolvem-se os gêmeos e podemos contemplá-los em fantástica semelhança física. Realmente, todas as suas células são geneticamente idênticas. Também tiveram a mesma alimentação e os mesmos cuidados familiares. Conviveram no mesmo útero materno, sob as mesmas influências magnéticas e impressões mentais do meio ambiente. Possuem um cérebro com idênticas possibilidades biológicas e potenciais bioquímicos. São gêmeos idênticos.

Não há, portanto, seja por influência do meio gestacional, educacional ou fatores genéticos, alguma justificativa convincente que explique as significativas diferenças comportamentais que, às vezes, eles apresentam.

Hoje nós os vemos, adultos, cada qual voltado para uma área diferente do conhecimento humano. Um deles aprecia música clássica, o outro música popular, o primeiro é voltado para a vida mais intelectual, enquanto que o segundo dedica-se à ginástica aeróbica e à educação física. Enfim, pendores peculiares que não podem ser considerados muito semelhantes.

Paralelamente, ao analisarmos pelo prisma reencarnacionista, sabemos que o ser pensante, o espírito, traz o seu patrimônio profundamente estratificado pelas vivências anteriores. Cada um passou por experiências peculiares e registra em sua textura energética tendências intelecto-morais absolutamente particulares.

São dois espíritos distintos e com uma razão básica para reencarnarem sob o mesmo teto: o passado. Os vínculos do pretérito os prendiam ao mesmo núcleo familiar. Ali, encontrariam os afetos de romagens anteriores que lhes dariam o amparo necessário à sua jornada evolutiva. Ali, voltariam a conviver com seus desafetos antigos que, sob o véu do esquecimento, teriam oportunidades de perdoar e, sobretudo, de amar.

Só a pré-existência do espírito poderia nos esclarecer racionalmente a razão de tão significativas diferenças entre dois indivíduos geneticamente idênticos. Embora anatomo-fisiologicamente possam apresentar as mesmas fragilidades e potencialidades em nível orgânico, psiquicamente são muito diferentes.

São comuns, também, os relatos de gêmeos interligados emocionalmente. Embora diferentes em suas tendências psíquicas, um capta as vibrações de sofrimento e angústia do outro. Percebem, a distância, os traumas sofridos pelo seu irmão e até os registram de algum modo. As ligações de vidas anteriores que os mantinham mutuamente interligados, e tendo continuidade na gestação, permitem a rápida e fácil sintonia de ondas entre os dois. Mesmo de forma inconsciente, percebem, às vezes, as situações difíceis que o outro vivencia. Não se pode, no entanto, generalizar essas ocorrências, sob pena de se criar um mito.

Há gêmeos que não possuem essa sensibilidade e mesmo a facilidade de sintonia vibratória. Há, inclusive, gêmeos que reencarnam em função de dívidas mútuas e situações cármicas complexas, com envolvimento conjunto em dramas familiares.

A grande verdade é que há sempre uma razão superior e transcendental que os coloca próximos. Sobretudo, são individualidades diferentes e como tal devem ser respeitados.

34

Xifópagos

OS CHAMADOS XIFÓPAGOS, conhecidos popularmente como gêmeos siameses, são aqueles que apresentam seus corpos unidos por um segmento físico. Comumente se observa o uso indevido do termo *xipófago*, ao invés da designação correta, xifópago.

A nomenclatura provém de xifóide, que é o apêndice terminal do osso esterno, situado na frente do tórax, onde se unem as costelas. Com relação aos gêmeos, é como se eles fossem ligados por essa parte do corpo, aliás, isso normalmente não corresponde à realidade. As ligações podem se efetuar por diversos órgãos ou segmentos corporais, inclusive inviabilizando a gestação ou a sobrevivência de ambos os recém-natos.

Nas situações em que duas entidades espirituais se ligam à esfera perispiritual materna e posteriormente ao fluido vital do óvulo, ocorrendo à fecundação, a célula germinativa, sob a influência de duas energias espirituais diferentes, tende a se bipartir. No início da embriogênese, quando o ovo inicia sua multiplicação, há a separação em duas células, as quais desenvolverão dois organismos filhos.

Quando se processa uma separação total nascem gêmeos univitelinos normais. No entanto, no caso dos xifópagos, esses permanecem unidos por um ponto ou segmento que se desenvolve durante a gestação, originando a ligação física entre as duas criaturas. Ligação essa que pode se efetuar inclusive por órgãos vitais, impossibilitando a intervenção cirúrgica, especialmente em determinadas regiões do Planeta onde os recursos são ainda rudimentares na área da assistência médica.

Do ponto de vista da ciência espírita, temos a informação de que as pessoas se vinculam energeticamente a outras pela sua postura mental. Há casos em que essa fixação atinge níveis patológicos de ligação e intercâmbio energético-vibratório.

Espíritos que se odeiam mutuamente, por exemplo, mantêm um estreito fluxo de energia entre si, prendendo-se reciprocamente. Em muitas circunstâncias, não há possibilidade a curto ou mesmo a médio prazo de se dissolver essas ligações para a recuperação psíquica dos envolvidos. À medida que os anos passam, a imantação se acentua, atingindo níveis graves de comprometimento do corpo astral dos mesmos.

A anestesia temporária, pela terapia da Reencarnação, poderá servir de impulso renovador na reconstituição da normalidade.

Considerando sempre que os pais são copartícipes do processo, são os vínculos comuns do pretérito que os levam a vivenciar essa situação. Não são, portanto, vítimas inocentes de uma lei natural injusta e arbitrária. O reencontro comum pelas afinidades que os atraem por sintonia energética nada mais é que o merecimento ou lei natural de Causa e Efeito que se opera automaticamente.

Inimigos que estabeleceram vínculos expressivos e desequilibrantes retornam juntos e unidos. Não conseguem se separar, jungidos pelo laço extrafísico que se expressará pela equivalente ligação biológica.

Em outros casos, essas ligações se processam por meio de obsessões de naturezas diversas em que a dupla se realimenta por vias anormais e mútuas, e somente a drenagem para a periferia física dessa ligação poderá facilitar o rompimento energético já estabelecido. Renascem, então, ligados.

A visão espiritual do processo, além de poder contribuir cientificamente em futuro próximo para a compreensão da gênese do problema, serve, desde já, para alertar também com relação a fixações monoideísticas desequilibradas.

A terapia da prece, no sentido da doação energética, é o recurso ideal para atenuar o sofrimento dos envolvidos nessa dolorosa situação.

A aplicação de passes e o esclarecimento dos familiares são indispensáveis para suavizar as dores e apontar a solução, que em futuro próximo para eles se descortinará: a reconciliação e a união pelo vínculo normal e saudável do amor.

Fusão entre *Chakras*

NOS CASOS EM QUE EXISTA MÚTUA MAGNETIZAÇÃO patológica entre dois espíritos reencarnantes, e essa se operar em nível intelectual, o intercâmbio de forças em desarmonia se estabelece entre seus Chakras (Centros de Força) Coronários que se situam no corpo extrafísico no alto das cabeças dos espíritos (perispíritos) em processo reencarnatório.

À medida que os anos passam, a imantação se acentua, atingindo níveis graves de comprometimento do corpo astral dos mesmos.

O fluxo de energia entre ambos prende-se reciprocamente. Em muitas circunstâncias, não há possibilidade a curto ou mesmo a médio prazo de se dissolver essas ligações para a recuperação psíquica dos envolvidos.

Tal situação, atingindo o clímax do desequilíbrio, ocasiona uma verdadeira fusão de energias podendo agir como um só modelo perispiritual de crânio. Assim, a exteriorização física se fará como um modelo único de cabeça para dois corpos. Ao projetarem o modelo energético sobre o corpo físico pode ocorrer, nesses casos, a formação de dois corpos e um crânio único.

Em casos de menor intensidade do mesmo fenômeno, observaremos uma união entre dois crânios: Teremos, portanto, xifópagos ligados por duas cabeças. Os casos acima comentados são alusivos a ligações de padrão mental ou intelectual tais quais as severas perseguições intelectuais mútuas.

Quando observamos órgãos unidos em nível torácico, o desequilíbrio costuma ser em nível dos sentimentos e o Chakras envolvidos são o Cardíaco e o Gástrico (umbelical).

Quando a união é basicamente pelo aparelho digestivo ou abdome, significa que há desarmonia emocional mútua (paixões patológicas), determinando uma ligação intensa e desequilibrada no tocante ao Chakra Gástrico.

A existência de órgãos únicos, como por exemplo, no aparelho digestivo, demonstra a fusão dos Chakras Gástricos que se comportam como um único Chakra. Fusão essa determinada pela intensa troca patológica de vibrações no campo das emoções.

Recordemo-nos sempre que esse não é um mecanismo punitivo, nem tal sucede como qualquer forma de "pagamento de dívidas". Tratase do fenômeno de Ação e Reação, de colheita automática decorrente de livre e prévia semeadura.

O renascimento em condições tão anômalas e dolorosas é um processo de drenagem para libertação dos distúrbios anatômicos existentes no perispírito. Expiar é uma tentativa de eliminação do corpo astral para o corpo físico, buscando a cura.

36

Gestação de aluguel

COM O DESENVOLVIMENTO PROGRESSIVO das técnicas médicas, novas situações vêm se apresentando, e isso também acontece no que diz respeito às fecundações e gestações.

Necessário sejam expressos, com clareza, os pontos de vista da ciência espírita, que considera os conhecimentos palingenésicos e outros que compõem o acervo cultural acerca do extrafísico.

Há mulheres que não conseguem reter os óvulos fecundados, os quais, inevitavelmente, caminham para abortos espontâneos.

Se há razões de origem cármica, o que sem dúvida é um fato, também o mesmo sucede com outros problemas orgânicos, e nem por isso é condenável a busca de tratamento ou solução.

O desejo ardente e sincero da maternidade, e/ou paternidade, determina que os candidatos a pais procurem soluções junto à ciência médica. O recurso utilizado, em muitos casos, é o da gestação desenvolvida em úteros de empréstimo ou de aluguel.

Sabemos que durante a gestação há um intercâmbio fluídico-energético intenso entre o binômio materno-fetal. Não somente elementos de natureza biológica, mas sobretudo componentes espirituais são permutados. Ao se optar pelo útero de empréstimo, estabelece-se um importante relacionamento entre o espírito reencarnante e a mulher que o alberga em seu ninho uterino.

Torna-se relevante conhecer o caráter daquela que o receberá. Durante longos meses firmar-se-á um liame importante entre ambos. A natureza mais ou menos elevada dos pensamentos, os desejos e os sentimentos serão de intensa repercussão sobre o psiquismo daquele que retorna à vida.

Talvez seja o aspecto mencionado o mais importante a ser considerado. Não há, no entanto, como deixarmos de mencionar a consequência psicológica ou emocional a que fica sujeita a mãe de aluguel ao devolver a criança com quem conviveu intimamente nove meses. Uma sensação de vazio ou abandono pela perda inevitável. Imprescindível seja esse ângulo da questão muito bem estudado e dimensionado por todos os participantes e envolvidos na decisão.

A comercialização irresponsável dos úteros de aluguel também não poderá em hipótese alguma ser admitida, tendo em vista que a postura íntima da mulher que recebeu o embrião tem forte influência sobre aquele que renasce. Há que existir amor no processo.

Há mulheres que, plenas de sentimentos nobres, cheias de amor e carinho, com elevado sentimento altruístico, predispõem-se a receber em seu corpo as células germinativas unidas de um outro casal. Fazem-no por afinidade, até familiar, em certos casos. Não há por que se condenar atitudes de desprendimento e doação que dignificam o sexo feminino.

Também compreensível que a subsistência material daquela que se predispôs a auxiliar seja amparada devidamente, não sendo explorada por ninguém.

As ressalvas por nós mencionadas são aquelas referentes ao estudo e meditação profundas a respeito de cada situação específica do casal e da receptora, evitando-se sofrimentos.

Nós não nos referiremos aqui, no que tange a "quem é, quem não é a mãe", especificamente, a aspectos legais, nem tampouco aos da ética médica, por considerarmos essas concepções mutáveis, conforme a legislação, em diversos países. Abordaremos o aspecto espiritual.

Ao retornarmos ao plano espiritual, não teremos problemas ou dificuldades por encontrarmos mais de um pai ou mãe de vidas anteriores. O amor não pode ser rotulado nem medido por títulos quaisquer. Saberemos entender os qualificativos, além das fronteiras de convenções estabelecidas.

Outro aspecto a ser estudado é aquele relacionado à ligação da entidade reencarnante com o perispírito materno, antes da fecundação. Sabemos do processo de trocas fluídicas que se estabelecerá e do importante papel do Chakra Genésico materno na atração das energias do psicossoma do espírito que renasce. A grande questão é: como sucederá esse fenômeno ao se transportar o óvulo fecundado para o útero de outra mulher?

Sem dúvida que, se do ponto de vista material há duas mães envolvidas no processo, o mesmo ocorrerá observando-se pelo prisma espiritual. Permanecerão as duas ligações, e as influências far-se-ão bipolarmente sobre o espírito que renasce. A intensidade das ligações e a valoração das mesmas vão depender da maior ou menor amplitude e frequência do pensamento de ambas.

À medida que a gestação se desenvolve, torna-se mais estreita a ligação com a "mãe de aluguel", e a influência dessa passará a se exercer com mais facilidade, não querendo dizer com isso que as preces, pensamentos de amor e de esperança em um futuro construtivo da mãe que cedeu o óvulo não possam atuar intensamente sobre aquele que reencarna.

Se pela natureza podemos observar a Reencarnação de gêmeos, em que dois espíritos se imantam ao óvulo que se biparte pelo magnetismo das duas entidades, analogamente, pela ação humana, podemos possibilitar que duas "mães" sejam unidas a um só espírito em vias de retorno.

Não resta a menor dúvida de que a essência de todo o processo deve estar calcada nos sólidos alicerces da Ética Cósmica. Manipular indiscriminadamente a vida só deverá trazer consequências danosas ao equilíbrio íntimo das criaturas.

Lembrar também que muitas crianças abandonadas solicitam adoção amorosa daqueles que não podem ter filhos. Até onde o amor próprio, ou a vaidade estimula outros métodos? Não generalizando, é importante que se medite a esse respeito. Não advogamos aqui a suspensão das gestações *extraútero* materno, mas a conscientização ética e espiritual de todos os envolvidos no processo.

A ciência espiritista necessita celeremente ganhar espaço junto às lideranças culturais, não para proselitismo ou projeção social, mas para difundir a luz dos conhecimentos da vida espírita, evitando sofrimentos diversos.

37

Bebê de proveta

U M DOS TEMAS QUE MAIS SUSCITA DÚVIDA e curiosidade, por parte dos estudiosos da ciência espírita, é a questão do bebê de proveta. Não pretendo esgotar o assunto, nem fecharmos aqui questão a respeito de determinadas situações; chamaremos, no entanto, a atenção para alguns ângulos do tema, propiciando elementos de reflexão.

Oficialmente, as notícias que temos da primeira criança não concebida *"in vivo"*, isto é, no útero, mas *"in vitro"*, ou seja, em laboratório, nasceu na Inglaterra. No Brasil, o primeiro bebê de proveta data de 1984, havendo muito mistério em torno de experiências anteriores. Até maio de 1992, segundo o diretor do Centro Biológico de Reprodução Humana da Santa Casa de São Paulo, o aludido Centro já havia acompanhado 375 casos de bebês de proveta.

As inseminações artificiais humanas são classificadas em dois grupos: inseminações homólogas e heterólogas. Chamam-se homólogas quando feitas com material do próprio casal, sejam *"in vivo"*, quando se colhe o sêmen do marido e se inocula no útero da esposa, ou *"in vitro"*, quando a fecundação se dá na proveta laboratorial e se injeta posteriormente o embrião obtido no útero da mesma mulher que doou o óvulo.

As inseminações artificiais humanas heterólogas são aquelas em

Gestação, sublime intercâmbio

que o material não é do próprio casal. Se o problema estiver no útero ou no ovário da esposa, será preciso captar óvulos de uma doadora, inseminá-los *"in vitro"* com o espermatozoide do interessado e transferir o resultado para uma mãe de aluguel, que poderá ser a doadora de óvulos ou, ainda, uma outra pessoa. Quando o problema é do marido, há a possibilidade de se recorrer ao sêmen de um doador, às vezes colhido previamente e congelado.

A indagação que naturalmente vem à mente dos estudiosos da ciência ou filosofia espírita é: como ficaria a situação do espírito reencarnado em condições tão diversas do mecanismo natural? Além do aspecto ético-moral das situações mencionadas.

Que a ciência marcha celeremente para conquistas cada vez mais surpreendentes na área do controle da reprodução humana é incontestável. Inevitável, também, que as dificuldades da infertilidade a nublar a felicidade dos casais sejam superadas cada vez mais. Lícito e lógico que casais que desejam ter filhos procurem os recursos existentes. Lícitas e lógicas também as pesquisas científicas desenvolvidas a esse respeito. Recomendável também que se medite a respeito dos limites éticos e morais acerca das incursões da ciência em terreno tão delicado.

O Plano Espiritual, atento à evolução tecnológica nessa área, encaminha à Reencarnação, nessas condições artificialmente construídas, aqueles espíritos que carmicamente se afinizam com as circunstâncias. A Lei de Sintonia de Vibrações, e a Lei de Causa e Efeito sempre se cumprirão, independentemente das manipulações humanas. Embora não se isente de responsabilidades os autores de situações anômalas criadas, sempre serão atraídos, por sintonia psíquica com seu padrão energético-vibratório, as entidades que por nível espiritual "mereçam" passar por provas dessa natureza.

Como a mulher tem de 8% a 20% de chance de engravidar, conforme os pesquisadores de inseminação artificial, por ciclo de tentativas, o médico, às vezes, opta pelo congelamento de embriões, e a inseminação operando-se com sucesso, é comum "sobrarem" alguns embriões. Ironicamente, alguns religiosos aconselham à ciência que sejam eles jogados no lixo. No Brasil a tendência é seguir os padrões mundiais, que seria o de guardá-los por três anos.

Sabemos, pelos estudos e revelações psicográficas, que nem todo desenvolvimento embrionário é acompanhado pela fixação de um espírito. (Ver questão nº 356 de *O Livro dos Espíritos*, de Allan Kardec). É possível a união de duas células germinativas pelo estímulo de sua energia vital, sem o comando do modelo extrafísico. Quando isso ocorre no organismo feminino, o molde energético é fornecido pela força mental do desejo da mulher de engravidar.

É verdade, no entanto, que esses organismos não sobrevivem ao nascer. Da mesma forma, sem a presença do modelo organizador biológico (perispírito), embriões serão simplesmente grupos de células sem um "ser" dentro delas. Fazemos estas considerações para lembrarmos que em alguns embriões laboratoriais pode simplesmente nada existir, sob o ponto de vista espiritual.

Assim, nenhum espírito estaria preso durante os três anos de congelamento, nem em embriões mantidos ou futuramente desenvolvidos até completar os 9 (?) meses. Tal fato, embora possa neste século parecer ficção, no próximo poderá deixar de sê-lo.

Por outro lado, é possível também que entidades espirituais em desequilíbrio e sintonizadas na frequência vibratória das consequências dessas experiências possam ser atraídas para esses embriões. O modelo energético das mesmas, aliado à força mental dos interessados nas experiências, reterá os espíritos às células embrionárias.

Se é verdade que ninguém sofre ou passa a vivenciar situações que não mereça em função de seu passado longínquo, também é verdade que ao criarmos as condições de sofrimento estaremos sendo corresponsáveis por ele.

Com relação a bancos de sêmen, doação de óvulos e outras situações semelhantes, não poderemos nos manter radicalmente contrários às iniciativas da ciência médica. Urge, no entanto, que a conscientização ética seja basilar na dinâmica de todas essas iniciativas.

Que a comercialização indiscriminada, se houver, seja afastada desses recursos, principalmente com relação a doadores de células e mães de aluguel. Sobretudo, faz-se necessário ter-se conhecimento da existência do espírito, sua sobrevivência e o mecanismo da encarnação (Reencarnação), ligando-o ao óvulo antes de ser fecundado, e toda a dinâmica do processo de trocas energético-mentais entre o espírito da mãe, seja ela de aluguel ou não, e o reencarnante.

A escolha por micromanipulação de 1 (um) espermatozoide determina a impossibilidade da ação da natureza, que ofereceria mais de 200 milhões de espermatozoides como opções à escolha por sintonia do espírito ou do óvulo a que se imante antes da fecundação, visando atrair a célula masculina mais afim com seu nível energético.

Não pretendemos aqui dar as respostas definitivas a tais questões, mesmo por que a Espiritualidade ainda deverá oportunamente nos oferecer outras informações a respeito, que sem dúvida deverão ser criteriosamente analisadas.

Meditemos a respeito do assunto, não nos fechando aos avanços científicos tal qual avestruzes que não enxergam, por mergulhar suas cabeças sob a terra (dogmaticamente), mas também não nos tornando simplórios deslumbrados pelas luzes feéricas e hipnotizantes da tecnologia moderna, perdendo o senso de equilíbrio e deixando de fazer as conexões com os conhecimentos e informações transcendentais de que já dispomos.

Aguardemos…

38

Anticoncepcionais e reencarnação

O CONTROLE DA NATALIDADE VEM SENDO PRATICADO desde os primórdios dos tempos. A civilização humana sempre encontrou raízes ou ervas com as quais feiticeiros ou médicos procuravam interferir no processo da concepção ou mesmo da gestação em curso.

Mesmo aqueles casais avessos aos processos artificiais frequentemente optam por "métodos naturais", evitando relacionamento sexual nos dias férteis e objetivando o mesmo resultado: a limitação da natalidade.

Teoricamente, em todos os casais haveria uma possibilidade de número maior de filhos, caso não houvesse alguma forma de controle ou planejamento familiar. Essa constatação nos leva a crer que há, na quase totalidade dos casais, alguma interferência, por livre iniciativa, sobre a natalidade de seus filhos.

Em face do exposto, o bom senso nos leva a posicionar realisticamente, sem no entanto perdermos a visão idealística. Nós, seres humanos, já conquistamos o direito da liberdade de decidir, evidentemente com a responsabilidade assumida pelo livre arbítrio. O *Homo Sapiens* já possui a possibilidade de escolher a rota de seu progresso, acelerando

Gestação, sublime intercâmbio

ou reduzindo a velocidade de seu desenvolvimento espiritual. Somos os artífices da escultura de nosso próprio destino.

Nas informações que são colhidas, psicográfica ou psicofonicamente, os Espíritos nos expõem a respeito da planificação básica de nossa vida aqui na Terra, projeto desenvolvido antes de reencarnarmos. Se é verdade que os detalhes serão aqui por nós construídos, certamente o plano geral foi anteriormente elaborado no Mundo Espiritual, frequentemente com nossa aquiescência. Dessa planificação básica, consta o número de filhos.

Se um determinado casal deveria receber 4 filhos na sua romagem reencarnatória e não o fez, pelo uso das pílulas anticoncepcionais ou outro método bloqueador da concepção, ficará com a carga de responsabilidade a ser cumprida. Não se permitiu a complementação da tarefa a que se propôs antes de renascer.

A grande questão que surge é com relação às consequências advindas da decisão de limitar a natalidade dos filhos. Sabemos que há, frequentemente, uma transferência do compromisso estabelecido para outra encarnação.

Sucede muitas vezes que essa decisão de postergar compromissos determina a necessidade de um replanejamento espiritual com relação àqueles designados à Reencarnação em um determinado lar. Podem os mesmos obter "novos passaportes" surgindo como netos, filhos adotivos ou outras vias de acesso elaboradas pela Espiritualidade Maior. Ocorrerá, nesses casos, a necessidade de um preenchimento da lacuna de trabalho que se criou ao se impedir a chegada de mais um filho.

O trabalho construtivo, consciente ou inconscientemente desenvolvido, para a substituição do compromisso previamente assumido, poderá compensar pelo menos parcialmente a dívida adiada. Qualquer débito cármico poderá ser sanado ou apagado por potenciais positivos, às vezes, bem diversos dos setores daqueles que originaram as reações. No entanto, o labor amoroso na área mais específica da maternidade e da infância carentes são naturalmente mais indicados para a harmonização das energias tornadas deficientes nessa área.

Se o ideal é que cumpramos o plano de vida préestabelecido, é também quase geral o fato de que neste Planeta a maioria não logra êxito na execução total de suas tarefas. Resta-nos a necessidade de consultar honestamente a consciência, pois pela intuição ou sintonia com nosso eu interno encontraremos as respostas e dúvidas (ou dívidas) particulares nesse mister.

É constatação evidente o fato de, normalmente, não nos recordarmos dos planos previamente traçados, mas é verdadeiro também que, frequentemente, fazemos "ouvido de mercador" aos avisos que nosso inconsciente nos transmite. Não esperemos respostas prontas ou transferência de decisão para quem quer que seja. Afinal, estamos ou não lutando para fugir das mensagens dogmáticas, do "isto é permitido" e "isto não é"? Cada casal deverá valorizar o mergulho em seu inconsciente, sentir, meditar, e das águas profundas de seu espírito, trazer à superfície a sua resposta...

39

Laqueadura de trompas e reencarnação

AO NOS REFERIRMOS A ESTA TEMÁTICA, consideraremos as digressões aqui feitas extensivas à situação correspondente no organismo masculino. A vasectomia, processo que no homem visa interromper o fluxo de espermatozoide em direção ao exterior, também segue a mesma linha de raciocínio a ser exposto.

Há, sem dúvida, indicações médicas muito definidas e claras no que tange à ligadura de trompas, situações em que o risco de uma nova gestação é bastante elevado, podendo determinar o óbito da mulher. Ressalvam-se aqui os casos em que uma pseudossituação é criada consciente ou inconsciente, tanto pelo profissional quanto pela mulher, que na realidade procuram uma razão que justifique a decisão prévia.

O percentual mais expressivo das laqueaduras de trompas, sem dúvida, é por motivo de planejamento familiar. Observa-se uma crescente permissividade nas indicações de laqueaduras de trompas cada vez mais precoces e, consequentemente, com menor número de filhos. Não nos referimos especificamente a um país ou região, mas ao contexto planetário, onde a situação é preocupante.

As lesões ou mutilações, tais como a vasectomia ou a laqueadura de trompas, aceitas por nós, ou ainda consentidas e estimuladas pelo cônjuge, trarão repercussões a médio e longo prazos. O corpo espiritual registra as alterações e, automaticamente, surgirão consequências nesta ou em outras encarnações ligadas à esfera atingida.

Fragilidades orgânicas, predisposições a patologias e dificuldades na área da fertilidade poderão ser algumas situações a serem observadas naquelas que no passado optaram por tal intervenção.

Importante, também, que cada caso seja por si analisado, pesando-se os inúmeros fatores envolvidos. Não há como se colocar em um mesmo grupo, situações diametralmente opostas do ponto de vista socioeconômico, cultural ou ético.

A ligadura de trompas, efetuada preventivamente em uma mulher que, sistematicamente, aborta ao engravidar e afirma que irá abortar sempre que engravidar, não poderá ter o mesmo nível de consequência cármica de outra que simplesmente diz ao médico não desejar ter filhos pelo prazer de conviver exclusiva e egoisticamente com seu companheiro.

As circunstâncias de miserabilidade, patologias mentais e outras, de naturezas diversas, em mães de prole numerosa, reduzem o efeito desarmonizador da ligadura de trompas.

Não pretendo legitimar ou estimular as intervenções cirúrgicas nessa área, cumpre-nos, no entanto, o dever de salientar que o livre arbítrio sempre será respeitado como direito do ser humano.

No tocante aos graus de débito cármico, é importante ter-se em mente que a mínima ou grave consequência estará relacionada ao nível de informação e à intencionalidade que move todos os envolvidos no processo.

40

Células-tronco

EM TODA A SUA HISTÓRIA A MEDICINA FOI MARCADA por descobertas consideradas verdadeiros marcos de época.

Ocorreu com a descoberta da penicilina por Fleming, em 1928, pelo primeiro transplante de órgãos executado por Joseph Murray, em 1954 e, atualmente, com o transplante de células-tronco.

Procurando simplificar ao máximo a terminologia, visando esclarecer a questão espiritual relacionada às células-tronco e clonagem de órgãos, façamos uma analogia. Tronco de uma árvore é uma estrutura da qual podem originar-se os mais diversos ramos ou galhos.

Assim, células-tronco (Stem Cells) são células com a capacidade de se transformar em qualquer tipo de célula formando diferentes tecidos em nosso corpo.

Partindo desse princípio, uma célula-tronco pode vir a ser uma célula nervosa, uma célula sanguínea, uma célula óssea e assim por diante. *Tal fato sucede em um organismo vivo pelo comando das estruturas extrafísicas sobre a dimensão física.*

A surpreendente inovação tecnológica na área médica consiste, hoje, no uso das células-tronco em substituição a células doentes. Tomemos o exemplo de uma pessoa diabética, (Diabete Melitus), em que células do pâncreas, produtoras de insulina, não funcionam normalmente. Nesse caso, seriam utilizadas células-tronco, cultivadas em laboratório que seriam induzidas a se diferenciar (se transformar) em células pancreáticas, produtoras de insulina. Essas células receberiam o *direcionamento da energia vital (fluido vital) de células já formadas, adultas, que fornecem o modelo energético para condicionar as células-tronco a tomarem o rumo específico.*

Posteriormente, essas células-tronco, já modificadas, seriam aplicadas no paciente. O paciente deixaria de ter a doença, já que seu órgão defeituoso teria sido substituído por outro, digamos assim, "clonado". O sonho da medicina consiste em colocar no coração de um indivíduo infartado, um novo miocárdio. No estômago de um ulceroso, uma nova mucosa. Em um portador de artrose, uma nova articulação e assim por diante.

A capacidade de regeneração e proliferação das células-tronco propiciou uma nova perspectiva para o tratamento de doenças com falência de diferentes sistemas tais como: o Mal de Alzheimer, a Distrofia Muscular de Duchene, a Doença de Parkinson e a Insuficiência Cardíaca.

São inúmeras as referências, mas destacamos os trabalhos de Daley GQ, Goodell MA e Snyder EY. – Realistic prospects for stem cell therapeutics[30], e os estudos de Sayles M, Jain M, Barker RA – *The cellular repair of Brain in Parkinson's disease past, present and future*[31].

A grande questão, que interessa à Doutrina Espírita, é quanto à origem das células–tronco. Conforme essa origem nosso posicionamento é bem claro.

De onde procedem as células-tronco? Antes de abordarmos a questão mais polêmica, lembramos que elas podem, também, ser de

---

[30] DALEY, Go; GOODELL, Ma; SNYDER Ey. *Realistic Prospects for Stem Cell Therapeutics.* Am. Soc. Hematol. Educ. Program, 2003, p. 398-418.
[31] SAYLES, M; JAIN, M; BARKER, R A. *The cellular repair of Brain in Parkinson's disease – past, present and future.* Transpl. Imunol., 2004, p. 321-42.

origem **autóloga**, isto é, retiradas do próprio indivíduo.

Há células-tronco em vários tecidos humanos (sangue, medula óssea e outros), só que em quantidades, às vezes, insuficiente e com eficácia nem sempre ideal para os objetivos desejados. Essas células são *oligopotentes*, (do grego, oligo = pouco), ou seja, conseguem se diferenciar em poucos tecidos.

Os estudos e pesquisas com células-tronco **autólogas** cada vez mais se desenvolvem e as dificuldades técnicas a serem superadas seriam de:

Coleta;

Preparo "in vitro";

Estímulo à transdiferenciação em novas células;

Potencial de proliferação;

Integração ao novo tecido;

Rejeição por anticorpos;

Efeitos colaterais e;

Alto custo.

Dificuldades que, passo a passo, deverão ser superadas.

Vejamos, agora, as células-tronco de origem **heteróloga**, ou seja, aquelas obtidas de outro indivíduo. Há duas fontes principais: a primeira é a procedente de células embrionárias.

Quando ocorre uma fecundação, a união do óvulo ao espermatozoide origina o ovo. O ovo (= zigoto) inicia então uma duplicação em células idênticas, duplica-se em duas, que se duplicam em quatro, assim por diante. Essa duplicação forma um conjunto de células iguais, ou indiferenciadas.

Após uma série de duplicações, as células iniciarão a diferenciação, isto é, passarão a se modificar para originarem diferentes tecidos e, depois, diferentes órgãos.

Antes das células se diferenciarem, em determinada fase do desenvolvimento embrionário, é que existem as células-tronco **totipotentes**, ou seja, que são *potencialmente* capazes de se diferenciar em *todo* tipo de célula. Mais exatamente, qualquer um dos 216 tipos de tecidos que formam o corpo humano (incluindo a placenta e os anexos embrionários).

Uma das técnicas consiste em retirar de um embrião algumas células-tronco, e cultivá-las em laboratório de forma a desenvolverem tipos de células desejadas – células cardíacas, nervosas etc. Os cientistas alteram o meio de cultura e introduzem genes específicos.

Há variantes de técnicas, mas a finalidade e o objetivo são os mesmos. Sucede que, em muitos casos, o embrião que sofreu a intervenção não sobrevive.

A partir de uma célula-tronco de um embrião nos estágios iniciais de seu desenvolvimento (blastocisto), outros embriões podem ser clonados. Após ser clonado, um novo embrião pode ser interrompido e células-tronco embrionárias dele serem retiradas, cultivadas e direcionadas para originar o tipo de célula desejada.

Seja qual for o método ou a variante de técnica, uma vez interrompendo o desenvolvimento de um embrião, estamos diante de um "aborto" provocado.

Já estudamos que a Reencarnação inicia-se na fecundação, embora conforme vemos em *O Livro dos Espíritos*, (Kardec, 1992, questão 356), há gestações sem espírito. Como no momento não há recursos para determinarmos se um embrião está apenas sob o impulso da energia vital, ou se está ligado a um ente reencarnante, a posição de um estudioso da Doutrina Espírita, até a data de hoje, é não recomendar o uso de células-tronco embrionárias.

Naturalmente, não podemos radicalizar ou tornar essa posição como definitiva, pois, pode dar-se, no futuro, que seja possível retirar células embrionárias sem risco de morte ao embrião, ou mesmo detectar se há presença ou não do elemento extrafísico ligado a ele.

Mas, no momento podemos sugerir, além da alternativa *autóloga*, já comentada, a atraente e promissora fonte que comentamos a seguir.

Há uma segunda fonte de células-tronco heterólogas (de outro indivíduo). Trata-se das células-tronco retiradas do cordão umbilical e da placenta, presentes em quantidade bastante significativa.

Toda vez que nasce alguém, qual o destino do cordão umbilical e da placenta? Exceto locais em que esses elementos são encaminhados à pesquisa, ou ao uso industrial, seu destino é o lixo hospitalar.

Em raros hospitais, há destino mais útil para o cordão umbilical e a placenta havendo encaminhamento para a obtenção de células-tronco que, nesse caso, são pluripotentes ou multipotentes, ou seja, conseguem se diferenciar de quase todas as células dos tecidos humanos.

Dificuldades técnicas também existem, mas urge incrementar e institucionalizar o aproveitamento do cordão umbilical e da placenta. Talvez nesse aspecto devamos nos mobilizar, sem posição apaixonada, mas entender que o avanço tecnológico pode seguir, auxiliando alguns sem prejudicar outros. Buscar a cura de alguns, sem impedir que outros possam ter a oportunidade ímpar do renascimento.

Embriões congelados

SEMPRE É BOM FRISAR que existem inúmeros tratados de alto valor técnico a respeito de embriões congelados. As abordagens nessas obras, de profundidade diversa, costumam retratar o ponto de vista médico, jurídico ou psicológico. Procurando somar às contribuições existentes, enfocaremos a questão exclusivamente pelo prisma transcendental, proposta bem clara deste nosso livro.

Além de um organismo físico composto de átomos e moléculas, consideraremos o embrião como um ser vivo e, como tal, a possibilidade ou não da dimensão espiritual e da questão reencarnatória.

Não nos deixaremos, no entanto, envolver pela visão de um religiosismo obtuso, nem tampouco por um cientificismo frio e calculista. A Doutrina dos Espíritos nos pede amor, mas razão; coração e inteligência laborando em sintonia.

As questões básicas, para nós estudiosos do Espiritismo, são as seguintes:

1. O papel do embrião congelado se restringe apenas ao arcabouço físico cumprindo a função de desabrochar, em ninho artificial, um novo ser?

2. Um embrião albergaria em sua estrutura algo a mais? Há um espírito ligado a este embrião?

Gestação, sublime intercâmbio

3. O descarte de embriões congelados estaria atingindo entidades em processo reencarnatório?

Toda célula viva, vegetal ou animal, desde os seres unicelulares até os pluricelulares carrega a energia vital que é a dimensão intermediária e fixadora do princípio inteligente. Esse princípio inteligente é que, pela evolução, torna-se um Espírito.

Há, em embriões congelados, duas situações completamente distintas. Existem alguns desses embriões que possuem apenas a organização molecular, celular e embora sendo ricos em energia vital, contêm não um espírito humano em processo de retorno ou reencarnatório, mas um princípio primitivo espiritual em desenvolvimento, tal qual as células de bactérias ou amebas.

Em outros embriões há situações bem diversas. Espíritos, que pelo histórico cármico se afinizam magneticamente com o meio e com a situação, são atraídos para a fixação a esses embriões. Entidades que exerceram pesquisas criminosas na área da reprodução ou gestação são alguns dos que podem ser encontrados presos aos embriões de laboratório.

Há também Espíritos que se encontram em profundo estado de contração e torpor. Alguns desses em contração perispiritual tão intensa que assumiram a organização anatômica ovoide. Essas entidades ovoidais, necessitadas de reequilibrar as energias perispirituais, podem ser vinculadas a óvulos fecundados em laboratório, isto por que o estímulo expansionista do desenvolvimento embrionário, na fase inicial, serviria para que as moléculas perispirituais retomassem o ritmo vibratório contrário à contração em que se encontravam.

Há também aqueles que optaram pelo suicídio em vida pretérita e a ligação aos embriões congelados constitui processo de embrioterapia visando drenar para a superfície biológica resíduos energéticos em desequilíbrio.

O descarte de embriões congelados, efetuados pela ciência até o momento, não consegue prever, admitir ou conhecer a dimensão extrafísica da natureza. Embriões com Espírito ou sem Espírito não são parâmetros identificáveis.

Como hipótese, embriões congelados há muitos anos, talvez cinco anos, não tendo mais condições de viabilidade, portanto, não retendo o fluido vital, por efeito de lógica racional, não deveriam conter energia vital suficiente para fixar uma estrutura perispiritual de um ser humano em processo de Reencarnação. Esse seria um parâmetro a ser considerado.

Nós todos que conhecemos a dimensão extrafísica ansiamos pela entrada, nas universidades, dos conceitos e conhecimentos científicos espíritas e automaticamente, consequências filosóficas e éticas...

Clonagem

SERÁ POSSÍVEL CLONARMOS os grandes mestres da Humanidade? Infelizmente não.

Já existem clones naturais na espécie humana. Gêmeos univitelinos advieram de um ovo somente que se duplicou em dois idênticos. Esses gêmeos têm os mesmos DNA, corpos naturalmente clonados, mas são duas individualidades distintas.

Se o ser fosse um corpo a clonagem seria a clonagem do indivíduo, mas tal não sucede. Existe clonagem sim... De roupagem. O psiquismo não é determinado pelos genes do corpo, mas pelo espírito.

Recapitulemos: em uma gestação normal, o óvulo é fecundado, forma-se o ovo, este se duplica, quadruplica etc., obtém-se um número de células indiferenciadas, ou seja, iguais. Na sequência, essas células originarão células distintas para produzirem tecidos e órgãos específicos. A célula prestes a se diferenciar é totipotente, célula-tronco, ou seja, capaz de se transformar em qualquer célula. Essa fase chama-se fase blástica.

Na clonagem, animal ou vegetal, toma-se qualquer célula, retirada de qualquer órgão ou parte do corpo do indivíduo que desejamos clonar, por exemplo uma célula da língua, mas poderia ser da mama, do fígado etc. Essa célula contém todos os genes do ser, pois em cada célula de nosso corpo possuímos todos os nossos cromossomos e genes.

Cada célula do organismo nos diz, em detalhes, nosso sexo, cor dos olhos, da pele, tipo de cabelo, enfim todos os mínimos detalhes. Podemos dizer que cada célula do corpo contém o todo em miniatura, ou em genes. Por técnicas laboratoriais, a célula da língua, acima referenciada, é regredida à fase blástica.

Paralelamente, retira-se um óvulo de uma doadora, subtrai-se seu núcleo, onde estavam os genes, e coloca-se nesse óvulo o núcleo da célula da língua que foi trabalhada.

Todo óvulo, antes de ser fecundado, continha apenas um cromossomo de cada par, necessitando receber do espermatozoide o cromossomo correspondente para completar ou formar cada par, iniciando a gestação.

Quando se coloca o núcleo de uma célula adulta (língua no nosso exemplo), dentro do óvulo, esse óvulo tem a mesma experiência de pareamento de cromossomos como se fosse fecundado. Associa-se, nesse instante, um estímulo elétrico que induz ainda mais à "sensação" no óvulo de que tenha sido fecundado.

O óvulo, agora como se fosse um ovo, pleno (grávido) dos cromossomos da célula nele colocados, é inoculado no útero de uma mãe de aluguel, ou da mesma, de onde foi retirado, formando um ser idêntico ao modelo fornecido pelos cromossomos que recebeu, ou seja, idêntico ao ser que forneceu a célula da língua. Ao nascer será um clone, ou uma cópia do "dono da língua".

Dr. Ian Wilmut, na Escócia, tornou-se famoso pela clonagem da ovelha Dolly. Até chegar à Dolly ocorreram 277 tentativas, das quais 248 foram a óbito, 29 originaram embriões, mas só um chegou a termo.

Centenas de clones em diversas partes do mundo tiveram malformações, os filhotes foram maiores que os úteros, alguns tiveram paralisia renal e viveram 48 horas e inúmeras doenças congênitas foram detectadas. Portanto, clonagem humana? Prudência e bom senso fazem-se necessários.

Suponhamos, no entanto, que no futuro todos os entraves possam ser superados e, sem riscos, obtenha-se então a clonagem do ser humano. Muitos nos apresentam tal assertiva como uma prova de que o espírito não existiria.

Ledo engano. Se clonássemos o corpo de um grande estadista, como Churchill, seu clone poderia ser utilizado pela Espiritualidade para que nele reencarnasse, por exemplo, um violinista, que nenhum pendor teria à política, diplomacia ou chefia de Estado. Isto demonstraria que o clone do corpo nada tem a ver com a clonagem do psiquismo ou do Espírito.

Se clonássemos o corpo de um grande desportista esse só apresentaria vocação aos esportes se o clone fosse o vaso físico onde renascesse um Espírito já vivido nesse setor e traria em seu inconsciente os pendores da área, caso contrário, o clone poderia nos oferecer um médico ou um dramaturgo...

A clonagem humana, se um dia ocorrer, servirá para demonstrar que o corpo procede do corpo, mas o Espírito procede do Espírito.

Afinal, somos contra ou a favor da clonagem? E da clonagem humana? Como resumiríamos nossa posição?

1 – O Espiritismo, que se propõe a andar de braços com os avanços da ciência, é a favor da clonagem de órgãos, a partir de células autólogas (do mesmo indivíduo), e de células obtidas do cordão umbelical ou ainda outra fonte que não determine o abortamento de embriões.

2 – No futuro, quando for possível embriões serem submetidos a microtécnicas e deles puderem ser retiradas células-tronco com risco teórico de abortamento, igual a zero, o Espiritismo poderá *considerar a hipótese* de ser favorável a essa operação.

3 – Com o avanço dos conhecimentos da dimensão extrafísica, ainda admitimos que seja possível detectar a ligação ou não de campos espirituais aos embriões congelados ou inviáveis, portanto, sua utilização para finalidades terapêuticas deverá ser revista dentro de nossos padrões de ética espiritual.

4 – A clonagem completa de seres vivos, vegetais ou animais não cria princípios espirituais, sejam vegetais ou animais. No entanto, esses princípios espirituais são atraídos por sintonia vibratória e renascem dando sequência ao seu processo de aprendizado e desenvolvimento. O que significa deva-se ter todo respeito e cuidado com os mesmos. Sem dúvida, a clonagem da melhor maçã, ou do mais nutritivo repolho serão considerados avanços indiscutíveis.

5 – Quanto aos seres humanos, se no futuro puderem ser clonados, poderão os clones ser utilizados pela Espiritualidade para reencarnar Espíritos, cujas necessidades evolutivas se afinizarem com o meio e o organismo oferecido. No momento presente ainda não existe, sendo apenas, uma hipótese.

43

Anencéfalo e abortamento

INICIALMENTE, LEMBRAMOS QUE ANENCÉFALO, embora seja considerado sem cérebro, na realidade é um indivíduo ou um feto portador de um segmento cerebral, ou seja, faltam-lhe regiões do cérebro que, teoricamente, impossibilitariam sua sobrevivência pós-parto.

Afim de colocarmos a visão espírita sobre esse importante problema exemplificaremos com um caso real. Usaremos nomes e local fictícios.

João e Maria eram casados há 2 anos. A felicidade havia batido à sua porta. Maria estava grávida. Exultantes, procuraram o médico obstetra para as orientações iniciais. Planos mil ambos estabeleceram.

Aos dois meses de gestação, no entanto, o casal foi surpreendido, por meio do estudo ultrassonográfico, pela triste notícia de que seu bebê era anencéfalo.

Diante da informação o casal caiu em prantos ao ouvir a proposta do obstetra lhes oferecendo o abortamento. Posicionaram-se contrários explicando sua visão espírita.

— Trata-se de um ser humano que renasce precisando de muito amor e amparo. Nós estaremos com nosso filho (a) até quando nos for permitido.

Gestação, sublime intercâmbio

— Mas, esta criatura não vai viver além de alguns dias ou semanas na incubadora, disse o obstetra.

— Estamos cientes, mas até lá seremos seus pais, amaremos esse bebê...

O casal, contudo, guardava, também, secretamente, a esperança de que houvesse algum equívoco de diagnóstico que lhes proporcionasse um filho saudável.

Durante nove meses dialogaram com seu bebê, *intra-útero*. Disseram quanto o amavam. Realizaram, semanalmente, a reunião do Evangelho no Lar, solicitando aos Mentores Espirituais a proteção e o amparo ao ser que reencarnava.

Chegara o grande momento: em trabalho de parto, Maria adentra à maternidade com um misto de esperança e angústia. A criança nasce; o pai ao ver o filho sofre profundo impacto emocional tendo uma crise de lipotimia.

O bebê anencéfalo sobrevive na incubadora com oxigênio, por 84 horas.

Há um triste retorno ao lar, com o coração espiritual sangrando; arrumam as malas olhando o berço vazio...

Passam-se aproximadamente 2 anos do pranteado evento. João e Maria, trabalhadores do instituto de cultura espírita de sua cidade frequentavam, na mencionada instituição, reunião mediúnica, quando uma médium em desdobramento consciente informa ao coordenador do grupo:

— Há um espírito de uma criança que deseja se comunicar. Percebo nitidamente sua presença agradável e luminosa.

— Que os médiuns facilitem o transe psicofônico para a atendermos, responde o dirigente.

Após alguns segundos, uma experiente médium dá a comunicação:

— Boa noite, meu nome é Shirley, venho abraçar papai e mamãe.

— Quem é seu papai e sua mamãe?

— São aqueles dois, disse, apontando João e Maria.

— Seja bem vinda Shirley, muita paz! Que tens a dizer?

— Quero agradecer papai e mamãe por todo o amor que me dedicaram durante a gravidez. Sim, eu era aquele anencéfalo.

— Mas você está linda agora.

— Graças às energias de amor recebidas, graças ao Evangelho no Lar, que banharam meu corpo espiritual durante todo aquele tempo.

— Como se operou essa mudança?

— Tive permissão para essa mensagem pelo alcance que a mesma poderá ter a outras pessoas. Eu possuía meu corpo espiritual muito doente, deformado pelo meu passado cheio de equívocos.

Após breve pausa, continuou.

— Fui durante nove meses envolvida em luz, a luz do amor de meus pais. Uma verdadeira cromoterapia mental que gradativamente passou a modificar meu corpo astral (perispírito). Os diálogos que meus pais tiveram comigo foram uma intensa educação pré-natal que muito contribuíram para meu tratamento. Eu expiei, no verdadeiro sentido da palavra. Expiar é como expirar, colocar para fora o que não é bom. Eu drenei as minhas deformidades perispirituais para meu corpo físico e fui me libertando das minhas mazelas. Como meus pais foram generosos. Meu amor por eles será eterno.

— Por que estás na forma de uma criança, já que te expressas tão inteligentemente?

— Por que estou em preparo para o retorno. Dizem meus instrutores que tenho permissão para informar. Meus pais têm o merecimento de saber. Devo renascer como filha deles, normal, talvez no próximo ano.

Após dois anos renasceu Shirley, que hoje é uma linda menina de olhos verdes e cabelos castanhos, espírito suave e encantador. Consideramos respondida a questão: deve-se abortar um anencéfalo?

Mensagem final

No ALVORECER DO TERCEIRO MILÊNIO, a Humanidade já não se satisfaz com preceitos rígidos e dogmáticos típicos das religiões dominantes. O homem é um ser que indaga e quer saber afinal quem é, de onde vem e para onde vai. A dissociação existente entre ciência e religião, verdadeiro abismo aparentemente intransponível, leva os indivíduos a terem uma visão fragmentária da vida.

Os conselhos religiosos, tão úteis em épocas remotas, vão sendo substituídos pelos dos psicólogos, médicos, sexólogos etc., os quais também são impotentes para responder a todas as ansiedades íntimas do indivíduo e da sociedade. O que lhes falta? Sem dúvida, a cosmovisão espiritista, alicerçada no conhecimento das vidas sucessivas onde residem as causas mais profundas de nossos problemas atuais. Isto nos propicia uma ampla lente, por meio da qual poderemos enxergar melhor a problemática da vida.

A postura passiva, de se receber pacotes religiosos prontos, já não cabe mais no século XXI, que também se encontra em gestação, pronto para eclodir cheio de promessas renovadoras.

O bebê que hoje pulsa seu coração no interior da mamãe não pode mais ser visto como um simples aglomerado de células e moléculas, nem tampouco como uma alma recém-criada e sem passado.

Gestação, sublime intercâmbio

Também não é um estranho no ninho. Há toda uma dinâmica envolvendo a escolha dos pais antes do renascimento.

Procuramos demonstrar, por meio deste trabalho, que o intercâmbio energético verificado em nível materno-fetal determina profundos reflexos na textura psíquica de ambos e, especialmente, sobre aquele que renasce.

Sejam nossas derradeiras palavras utilizadas para recordar que as ondas mentais que se expressam por irradiações de alta frequência, cores suaves e brilhantes, condicionadoras de modelos psicológicos saudáveis às crianças, são as ondas do amor.

Referências bibliográficas

Annales Des Sciences Psychiques. Paris, França : abril 1908.

BANERJEE. H. N. *Vida Pretérita e Futura*. Trad. Sylvio Monteiro. Rio de Janeiro: Nórdica, 1986.

BEÇAK, Willy; BEÇAK. Maria Luiza. *Biologia Genética e Evolução*. vol. 4, 9. ed. São Paulo: Livraria Nobel S.A., 1969.

BENSON, Ralphy C. *Manual de Obstetrícia e Ginecologia*. Rio de Janeiro: Guanabara Koogan S.A., 1990.

Bíblia. Gênesis, 1 e 2.

Bíblia. JOÃO, capítulo III, versículos 01 a 20.

Bíblia. MATEUS, capítulo XVII, versículos 10 a 13.

Bíblia. PEDRO, apóstolo. 1. Epístola cap. IV, versículo 08.

CANON, Alexandre. *Reencarnação e Psiquiatria*. London, U.K.

CAPRA, Fritjof. *O Ponto de Mutação*. 6ª ed. São Paulo: Cultrix, 1988.

_____. *O Tao da Física*. São Paulo: Cultrix, 1985.

CARINGTON, Whately. *La Télépathie*. Trad. Maurice Plassiol. Paria, Payot, 1948.

CHARDIN, Teilhard. *Le Phénomène Humain*. Paris: Seuil, 1956.

CONAN DOYLE, Arthur. *História do Espiritismo*. São Paulo: Pensamento, 1960.

CROOKES William. *Fatos Espíritas*. 7ª ed. Rio de Janeiro: Federação Espírita Brasileira, 1983.

DALEY Go, GOODELL Ma; SNYDER Ey. *Realistic prospects for stem cell therapeutics, Hematology*. (Am. Soc. Hematol. Educ. Program), 2003.

DARWIN, Charles. *The Origin of Species*. New York: Mentor Books, 1953.

_____. *A Origem das Espécies*. Trad. Eduardo Fonseca. São Paulo: Hemus, 1981.

_____. *The Descent of Men*.

_____. *Viagem de um Naturalista ao Redor do Mundo.* São Paulo: Cia. Brasil Editora (tradução).

DARWIN, Erasmus. *Zoonomia.* 1974.

DENIS. Léon. *O problema do Ser do Destino e da Dor.* 10ª ed. Rio de Janeiro: Federação Espírita Brasileira, 1919.

DI BERNARDI, Aldo. *Impulsos e Reflexões.* Londrina: Livraria Editora Universalista, 1993.

DI BERNARDI, Ricardo. *Reencarnação e Evolução das Espécies.* Londrina: Livraria Editora Universalista, 1995.

FRANCO, Divaldo P. *Estudos Espíritas.* Pelo Espírito Joanna De Ângelis. Rio de Janeiro: Federação Espírita Brasileira, 1982.

INSTITUTO NACIONAL DE TERAPIA DE VIVÊNCIAS PASSADAS, Boletim de 1991 do INTVP, São Paulo.

KARDEC, Allan. *A Gênese,* 31ª ed. Rio de Janeiro: Federação Espírita Brasileira, 1944.

_____. *O Livro dos Espíritos.* 72ª ed. Rio de Janeiro: Federação Espírita Brasileira, 1992.

_____. *O Livro dos Médiuns.* 27ª ed. Rio de Janeiro: Federação Espírita Brasileira, 1960.

LAMARCK, Jean Baptiste. *Philosophie Zoologique.* Paris: Librairie C. Reinwald, Schleider Frères Editeus, 1907.

MIRANDA, Hermínio. *Reencarnação e Imortalidade.* Rio de Janeiro: Federação Espírita Brasileira, 1976.

MOODY, Jr. Raymond. *Vida Depois da Vida.* Rio de Janeiro: Nórdica, 1979.

NETHERTON, Morris; SHIFFRIN, Nancy. *Vidas Passadas, em Terapia.* Trad. Agenor Mello Pegado e Thereza Reis, ARAI – JU, Itapetininga, São Paulo, 1984.

OPARIN, A. I. *A Origem da Vida.* Trad. Ed. Vitória, Rio de Janeiro, 1956.

OSTRANDER, Sheila; SCHROEDER, Lynn. *The Soviets are Speaking out.* Panorama, 15 de outubro de 1966.

OWEN, Rev. G. Vale. *A Vida Além do Véu.* Rio de Janeiro: Federação Espírita Brasileira, 4ª ed. 208.

PAPUS, (Dr. G. Encausse). *A Reencarnação.* São Paulo: Pensamento.

PLANETA, revista. *Reencarnação.* Planeta Especial número 151 – C. Grupo de Comunicação Três.

PIRES, J. Herculano. *Parapsicologia Hoje e Amanhã. 3ª ed. São Paulo: Edicel, 1969.*

RAIKOW, Vladimir. *Aspectos Médicos da Pesquisa Experimental sobre Terapia e Hipnose.* Trabalho apresentado no Seminário da seção de Bio-Informação do Instituto de Radiotecnologia. A. S. Popov, Moscou: 25 de fevereiro de 1966.

_____. *Reencarnação por Hipnose.* Ciência e Religião. n° 9, 1966.

RHINE, Joseph. Banks. *The Reach of the Mind.* New York: William Slone, 1947.

RHINE, Louise. *ESP in Life and Lab.* New York: Macmillan, 1967.

RITCHIE, George. *Voltar do Amanhã.* 2ª ed. Rio de Janeiro: Nórdica, 1982.

RICHET, Charles. *Traité de Metpsychique.* Paris: Félix Alcan, 1922.

RIZZINI, Jorge. *Sexo e Verdade.* Pelo Espírito Guerra Junqueiro. 2ª ed., S.B. do Campo: Editora Espírita Correio Fraterno, 1980.

ROCHAS, Albert de. *Les Vies Successives.* Paris: Charconae, 1908.

Sayles M, Jain M, Barker RA – *The cellular repair of Brain in Parkinson's disease –past, present and future.* Transpl. Imunol., 2004; 12 (3-4).

SANTOS, Jorge Andréa dos. *Dinâmica Espiritual da Evolução.* Rio de Janeiro: Caminho da Libertação, 1977.

_____. *Energias Espirituais no Campo da Biologia.* Rio de Janeiro: Fon-Fon, 1971.

_____. *Enigmas da Evolução.* Rio de Janeiro: Caminho da Libertação.

_____. *Palingênese A Grande Lei.* Rio de Janeiro: Caminho da Libertação, 1975.

SCHROEDER, Lynn; OSTRANDER, Sheila. *Descobertas Psíquicas atrás da Cortina de Ferro.* São Paulo: Cultrix.

STEVENSON, Ian. *Twenty Cases Sugestive of Reincarnation.* Proceedings of American Society for Psychical Research vol, XXVI, September 1966.

STEVENSON Ian. *Vinte Casos Sugestivos de Reencarnação.* São Paulo: Difusora Cultural, 1970.

STUDY, *Biological Sciences Curriculum.* "Das Moléculas ao Homem" Parte. 1. Trad. IBECC; UNESCO. Brasília: Editora Universidade de Brasília, 1965.

STUDY, *Biological Sciences Curriculum.* "Molecules to Man". Part II. Boston: U.S.A. Houghton Mifflin Company. 1963. 385 p. Direitos cedidos à EDART-São Paulo: Livraria Editora Ltda.

TINOCO, Carlos Alberto. *O Modelo Organizador Biológico*. Curitiba: Gráfica Veja, 1982.

UBALDI, Pietro. *A Grande Síntese*. 5ª ed. São Paulo: Lake Livraria Allan Kardec Editora, 1951.

XAVIER, Francisco C. A. *Caminho da Luz*. Pelo Espírito Emanuel. 9ª ed. Rio de Janeiro: Federação Espírita Brasileira, 1973.

_____. *E a Vida Continua*. Pelo Espírito André Luiz. 17ª ed. Rio de Janeiro: Federação Espírita Brasileira, 1990.

_____. *Entre a Terra e o Céu*. Pelo Espírito André Luiz. 9ª ed. Rio de Janeiro: Federação Espírita Brasileira, 1954.

_____. *Evolução em Dois Mundos*. Pelo Espírito André Luiz. 9ª ed. Rio de Janeiro: Federação Espírita Brasileira, 1986.

_____. *Mecanismos da Mediunidade*. Pelo Espírito André Luiz. 7ª ed. Rio de Janeiro: Federação Espírita Brasileira, 1959.

_____. *Missionários da Luz*. Pelo Espírito André Luiz. 18ª ed. Rio de Janeiro: Federação Espírita Brasileira, 1945.

_____. *Nosso Lar*. Pelo Espírito André Luiz. 41ª ed. Rio de Janeiro: Federação Espírita Brasileira, 1944.

_____. *O Consolador*. Pelo Espírito Emmanuel. 14ª ed. Rio de Janeiro: Federação Espírita Brasileira, 1940.

_____. *Vida e Sexo*. Pelo Espírito Emmanuel. Rio de Janeiro: Federação Espírita Brasileira, 1970.

WAMBACH, Helen. *Recordando Vidas Passadas*. Trad. Octávio Mendes Cajado. São Paulo: Pensamento, 1981.

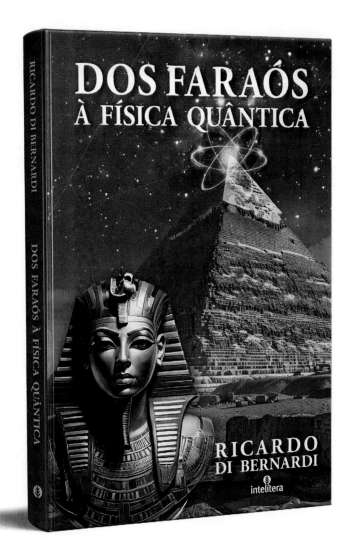

Dos Faraós à Física Quântica
Ricardo Di Bernardi

Esta obra aborda a religião dos egípcios primitivos, Alcorão, livro sagrado dos muçulmanos, Budismo, Seicho-No-Ie, sobrevoa as águas de Freud e Jung, os campos da Projeciologia, a ciência da viagem astral, e aterrisa nos domínios da Ciência Moderna, a Física Quântica.

Divaldo Franco Responde

Divaldo Franco responde de forma clara, lógica e didática sobre os seguintes temas:
- Sonhos • Depressão • Anjo protetor • Mortes coletivas
- Mortes prematuras • Mediunidade • Mediunidade infantil
- Conflitos conjugais • Pais e filhos • Adoção • Sexualidade
- Desigualdades sociais • Felicidade • Mau-olhado e feitiçaria
- Aborto • Carma, provas e expiações.

Help! - me eduque
Rossandro Klinjey

O psicólogo clínico, Rossandro Klinjey, traz nesta fantástica obra sua ampla experiência, para entendermos por que os pais, apesar de amarem profundamente seus filhos, não estão conseguindo torná-los pessoas mais capazes, felizes e equilibradas. Uma leitura indispensável para todos aqueles que possuem a desafiadora tarefa de educar.

Para receber informações sobre nossos lançamentos, títulos e autores, bem como enviar seus comentários, utilize nossas mídias:

- intelitera.com.br
- atendimento@intelitera.com.br
- youtube.com/inteliteraeditora
- instagram.com/intelitera
- facebook.com/intelitera

- icefaovivo.com.br

Esta edição foi impressa pela Lis Gráfica e Editora no formato 160 x 230mm. Os papéis utilizados foram Chambril Avena 70g/m² para o miolo e o papel Cartão Eagle Plus High Bulk 250g/m² para a capa. O texto principal foi composto com a fonte SabonNext LT 12,5/18 e os títulos em Futura Md BT 20/30.